Weihnachtsstern und Mistelzweig

ANNETTE DIEKMANN-MÜLLER

Weihnachtsstern und Mistelzweig
Mit Pflanzen durch die Winterzeit

JAN THORBECKE VERLAG

Bibliografische Information der
Deutschen Nationalbibliothek
Die Deutsche Nationalbibliothek verzeichnet
diese Publikation in der Deutschen National-
bibliografie; detaillierte bibliografische Daten
sind im Internet über http://dnb.d-nb.de ab-
rufbar.

© 2008 by Jan Thorbecke Verlag der Schwa-
benverlag AG, Ostfildern
www.thorbecke.de · info@thorbecke.de

Gestaltung: Finken & Bumiller, Stuttgart
Gesamtherstellung:
Jan Thorbecke Verlag, Ostfildern
Printed in Germany
ISBN 978-3-7995-3542-7

Inhalt

Deck the Halls (»Schmückt die Hallen«)

Deck the Halls with boughs of holly (»Schmückt die Hallen mit Stechpalmenzweigen«) - in England singt man zu Weihnachten dieses alte walisische Lied und besitzt damit auch einen Ausdruck für das weihnachtliche Schmücken der Zimmer mit Pflanzen, der keine deutsche Entsprechung hat und mit »Schmückt die Hallen« nur unzureichend übersetzt werden kann. Aber auch ohne prägnante Überschrift stellt der Pflanzenschmuck - neben Selbstgebackenem, Bastelarbeiten, dem Weihnachtsessen, Gedichten, Musik, den Geschenken und dem Kirchgang am Heiligen Abend - einen unentbehrlichen Bestandteil der Advents- und Weihnachtszeit dar; denn kein anderes Fest im Jahreskreis ist derartig mit Pflanzen verbunden wie das Weihnachtsfest. Zur Verfügung stehen - neben der fast unverzichtbaren Tanne - eine Vielzahl von Pflanzen sowie unterschiedlichste Komponenten und Einflüsse aus vielen Ländern, Kulturen und Zeitaltern, die vielfach unbemerkt eine Verbindung zu unseren Vorfahren herstellen.

Diese - es seien besonders Römer, Kelten und Germanen genannt - spiegelten mit ihren Sitten und Bräuchen die sie umgebende Natur, der sie geradezu existenziell ausgeliefert waren. Die durch die Umlaufbahn der Erde um die Sonne und die Neigung der Erdachse vorgegebenen Jahreszeiten bestimmten ihr Leben, und so schufen sie gerade am Übergang von einer Jahreszeit zu einer anderen Übergangsriten. Insbesondere die Sonnenwende im Winter bot reichlich »Stoff« für eine Vielzahl von Bräuchen, die der Hoffnung auf Wiederkehr des Lebens in dem größeren Zusammenhang des zyklischen Vergehens und Werdens Ausdruck geben konnten. Generell geben und gaben Bräuche Gesellschaften eine Ordnung, und während heute häufig nur noch die äußere Form ersichtlich ist, garantierten sie in früheren Zeiten einen inneren Zusammenhalt: In einem begrenzten räumlichen Rahmen konnten sich Rituale entwickeln, welche eine unter einander bekannte Gruppe von einer anderen abgrenzte und so ein Zusammengehörigkeitsgefühl erzeugen sowie schriftlich fixiert werden konnten. Schließlich trug die Kirche entscheidend dazu bei, Sitten und Gebräuche im Volk zu verankern, um eine christliche Weltordnung zu schaffen - die kirchlichen Feiertage und die Namenstage der Heiligen bildeten den Rahmen und vermischten sich mit den »heidnischen« Bräuchen.

Unmittelbar damit hängt auch das Pflanzen-Brauchtum zusammen, welches in die Vorstellungen, Mythen und Bräuche der Menschen eingeflochten wurde und sich davon ausgehend auch verselbständigte. So sprechen viele Pflanzen eine Sprache - ganz unabhängig von der Sprache der Blumen, wie sie im 19. Jahrhundert aufkam - und wurden teilweise so untrennbar mit einer Symbolik belegt, dass Pflanze und Bedeutung wie eine Einheit erscheinen - man denke beispielsweise an rote Rosen. Die Sprache der immergrünen Pflanzen (z.B. Mistel, Stechpalme, Tanne) an Weihnachten drückt eindeutig »Hoffnung« aus: zunächst die urmenschliche Hoffnung auf das zurückkehrende Leben im Frühjahr, dann aber auch verbunden mit der christlichen Hoffnung, die auf Jesus' Geburt basiert. Diese Hoffnung war so stark, dass sie darauf vertrauen konnten, in dieser - im Alltag doch oft so feindlichen - Welt geborgen zu sein. Und genau in diesem Vertrauen wurden Traditionen von Generation zu Generation weitergegeben. Im Winter blühende Pflanzen bereichern das Motiv »Hoffnung« um einen weiteren Aspekt, denn den Menschen in früheren Jahrhunderten mutete es wie ein Wunder an, wenn sie Blüten im Winter erblickten, zumal es bei weitem nicht diese Vielfalt in Gärten und Wohnungen gab, die wir heute kennen. Wenn Barbarazweige, die Anfang Dezember geschnitten wurden, zu Weihnachten blühten oder die Christrose im Garten ihre Blüte zeigte, dann war das ein sichtbares Zeichen, dass das

Leben zurückkehren würde. Interessanterweise gibt es auch in der chinesischen Kultur mit den sogenannten »Freunden des Winters« Kiefer, Bambus und Pflaumenblüte eine Kombination von Immergrün und früher Blüte als winterlichem Pflanzenschmuck.

Der Weihnachtsstern und die anderen dekorativen Blütenpflanzen und Früchte bereichern das »Schmücken der Hallen« um eine weitere Facette: die Farbe. Diese wird zwar in vielen Fällen rein dekorativ eingesetzt - aber letztlich symbolisieren auch die Farben, welche mittels der Pflanzen in dunklen Wintertagen in unsere Wohnungen oder Häuser getragen werden, die Hoffnung und das Vertrauen, dass das Frühjahr den Winter »ablösen« wird.

Zwar verschwanden mit einer rasanten Geschwindigkeit die Traditionen: Das Alltagsleben braucht keinen Bezug mehr zur Vergangenheit, die Kirche bietet keine Klammer mehr, wozu auch die Globalisierung einen großen Beitrag leistet. Die Systeme, an die wir heute »glauben«, scheinen abstrakte zu sein. Was übrig bleibt, sieht nach Kulisse aus. Und dennoch - und sicher auch gerade deswegen - gibt es Bewegungen, diese Entwicklung anzuhalten und umzudrehen, man denke nur an die »grünen« Ideen in der Landwirtschaft, althergebrachte Techniken und Pflanzen zu reaktivieren, an Traditionen anzuknüpfen und sie mit neuem Leben zu füllen - ein Aspekt, der sicher auch die »traditionellen« Weihnachtspflanzen einschließt.

Weihnachten in Deutschland ...

Will man verstehen, wie die Pflanzen zur Weihnachtszeit in unsere Wohnzimmer kamen, muss man den Blick weit in die Geschichte zurück richten: Pflanzenschmuck zu einem Fest rund um die Zeit der Wintersonnenwende am 21. Dezember gibt es bereits seit vielen hundert bzw. tausend Jahren. Die Römer schmückten zu den Saturnalien, einem siebentägigen Fest zu Ehren des Gottes Saturn, ihre Häuser mit grünen Zweigen. Diesem Fest verdanken wir im Übrigen auch den Zeitpunkt unseres Weihnachtsfestes, da die christliche Kirche im 4. Jahrhundert diesen Termin übernahm, um den römischen Traditionen Konkurrenz zu machen.

Auch die Kelten und Germanen, die mitten im Winter die Wiederkehr der Sonne feierten (die Germanen nannten dieses Fest Julfest), schmückten ihre Behausungen mit immergrünen Zweigen, mit Misteln, vor allem aber mit Stechpalmenzweigen und Efeu, um das Böse abzuwehren – eine Tradition, die auch im Mittelalter lebendig blieb. Als »Wintermaien« wurden die Immergrünen auch durch die Straßen getragen – teilweise geschmückt mit ausgeblasenen Eiern als Fruchtbarkeitssymbol. Die Kirche, die ein derartiges Brauchtum als »heidnisch« ablehnte, ließ stattdessen seit dem 12. Jahrhundert Krippen- oder Paradiesspiele vor den Kirchen oder auf den Marktplätzen aufführen, wobei ein Apfelbaum oder ein Baum, an den Äpfel gehängt wurden, auf die Bühne gebracht wurde, um an den Sündenfall zu erinnern (dazu mehr bei »Äpfel«). Außerdem war es vielfach üblich, zum Namenstag der heiligen Barbara am 4. Dezember Obstbaumzweige zu schneiden, die dann an Weihnachten blühten.

... VOR 400 JAHREN

Zu einer Zeit, als die Räume nach der Entdeckung Amerikas größer wurden, die Reformation weithin Wirkung zeigte und die Verbreitung gedruckter Texte einen ungeheuren Aufschwung nahm, erschienen zeitgleich um 1600 vermehrt Berichte, die von einem Weihnachtsbaum sprechen: Die Chronik der »Stubengesellschaft«, eine Honoratiorenrunde aus Bürgern und Handwerkern des elsässischen Städtchens Schlettstadt, heute Sélestat, verzeichnet, dass am Christabend des Jahres 1600 Förster Tannenbäume brachten, die mit Oblaten und Äpfeln behängt wurden und bis Dreikönig (6. Januar) die Herrenstube zierten. Dann durften sie von den Kindern geplündert werden. Diese Schilderung verdeutlicht, dass in reichen Gemeinden des Oberrheins das Weihnachtsfest *außerhalb der Kirche, gemeinsam* und *öffentlich* begangen wurde – sozusagen als Vorläufer von Betriebsweihnachtsfeiern. Gleichzeitig gibt es ebenfalls aus dem Elsass erste Berichte von häuslichen Weihnachtsfeiern, bei denen in den Stuben Tannenbäume aufgestellt wurden, die mit Papierrosen, Äpfeln, Oblaten und Zuckerwerk verziert waren. Sicherlich waren dies Einzelfälle und in den allermeisten Wohnstuben erfolgte die Dekoration zu Weihnachten auch weiterhin mit Immergrünen, teilweise von der Decke hängend, oder mit Barbarazweigen. Zudem unterbrachen die Wirren des Dreißigjährigen Krieges (1618–1648) die Ausbreitung dieser Bräuche.

... VOR 300 JAHREN

Die Berichte über Weihnachtsbäume wurden um 1700 zahlreicher, und aus dem Umfeld der europäischen Fürstenhöfe, in deren Barockgärten die Gartenkunst einen ungeheuren Aufschwung genommen und sich eine Blumenkultur auch innerhalb der Häuser entwickelt hatte,

baums. Liselotte von der Pfalz schreibt 1708: *Da richtet man Tische wie Altäre her ...Auf diese Tische stellt man Buchsbäume und befestigt an jedem Zweig ein Kerzchen.* Lichter gab es zwar auch schon auf kunstvollen Trägern (Pyramiden, Reifen), und häufig brannte in den Stuben zur Weihnachtszeit ein Licht als Zeichen des Sieges über die Finsternis, als Symbol für Christus schlechthin. Dabei musste man noch teure Wachskerzen verwenden, da es die billigeren Stearinkerzen erst ab 1820 gab. Mit der Verbindung der beiden ohnehin schon starken Symbole Baum und Licht im »Lichterbaum« verstärkte man deren Wirkung noch und erhielt ein »Produkt«, welches an Aussagekraft nicht zu überbieten ist. 150 Jahre später entstand das Weihnachtslied, welches die Stimmung in deutschen Wohnzimmern so trefflich charakterisieren sollte:

Am Weihnachtsbaum die Lichter brennen,
wie glänzt er festlich lieb und mild,
als spräch' er: Wollt in mir erkennen
getreuer Hoffnung stilles Bild!

Aber noch einen anderen Aspekt des Weihnachtsbaumes beschrieb Liselotte von der Pfalz: den des Kinderbaumes – nicht selten gab es für jedes Kind einen eigenen Baum. Dieser bildete sozusagen die Basis für die Bescherung der Kinder durch das Christkind an Weihnachten, was mit der Zeit gebräuchlich geworden war, nachdem Martin Luther (1483–1546) etwa 200 Jahre zuvor das Verteilen der Geschenke durch den Nikolaus als »katholisch« abgelehnt hatte.

... VOR 200 JAHREN

Der Lichterbaum setzte sich mehr und mehr in adligen und protestantischen Häusern durch (die Geschichte des Weihnachtsbaumes ist auch eine Geschichte des Bürgertums – oder umgekehrt), wohingegen in den katholischen Gegenden die Krippe ihren Platz als Zentrum des Weihnachtsfestes zunächst noch behielt. Der Lichterbaum fungierte in erster Linie weiterhin als Kinderbaum, der mit Nüssen, Äpfeln, Naschwerk und Geschenken behängt wurde und am Heiligen Abend geplündert werden durfte. Er erlangte auch in der Literatur Berühmtheit, wie durch Johann Wolfgang von Goethe, der ihm 1822 folgende Zeilen widmete:

Bäume leuchtend, Bäume blendend,
Überall das Süße spendend.
In dem Glanze sich bewegend
Alt und junges Herz bewegend –
solch ein Fest ist uns bescheret.

Die Förster verhängten allerdings drakonische Strafen, sollte man beim Diebstahl erwischt werden. In ländlichen Gegenden blieb dagegen die Verwendung verschiedener immergrüner Pflanzen oder das Aufstellen von Barbarazweigen, in England die häusliche Dekoration mit Mistel, Stechpalme und Efeu gebräuchlich.

... VOR 150 JAHREN

Während der Weihnachtsbaum in Deutschland einerseits immer beliebter wurde und sich zu einem regelrechten Exportschlager entwickelte, änderte sich andererseits seine Funktion: Nun trat er etwas in den Hintergrund, indem die Geschenke unter den Baum wanderten und nur noch symbolisch als Weihnachtsschmuck an den Zweigen hingen. Er wurde aber auch mehr und mehr zur dauerhaften Dekoration der Weihnachtszeit – und das auch auf dem Lande. Hier der Bericht eines Gesellen der Gerberzunft, der die Landbevölkerung 1836 mit dem Aufstellen eines Weihnachtsbaumes in Er-

Der klassische Adventskranz besteht aus Immergrün mit vier roten Kerzen, die erst am letzten Adventssonntag alle brennen dürfen.

staunen versetzt hatte: [Ich] *stelzte bald darauf wie ein rechter Niklas zurück (aus dem Wald), indem es leise zu schneien anfing ... und die Tanne trug in dem Flockenfall ihre gehörige Last ... Konnte also in Ruhe den Baum herrichten ... Die Eintretenden falteten andächtig die Hände und vergaßen vor Rührung sich den Schnee abzustreifen. ... Vor dem Hause hatten sich inzwischen allerlei Kirchgänger angesammelt, die mit langen Hälsen nach unserem Christbaum lugten ...*

Seit der Mitte des 19. Jahrhunderts drängte mit Macht ein weiteres »Accessoire« in die feierliche Gestaltung der Advents- und Weihnachtszeit: der Adventskranz. Kränze an sich waren und sind in der Urform des Kreises in allen Religionen und Kulturen ein Symbol für Vollkommenheit, ewiges Leben und Fruchtbarkeit sowie den Sieg (auch über den Tod) und wurden bzw. werden als Attribut festlicher Gelegenheiten in einer Vielzahl von Bräuchen verwendet. Nachdem Papst Gregor der Große (etwa 540–604) am Ende des 6. Jahrhunderts die Adventszeit als dreiwöchige Vorbereitungszeit, das heißt mit vier Sonntagen, angelegt hatte, wurde sie viele Jahrhunderte lang wie die Fastenzeit vor Ostern, also im Sinne einer Bußzeit, begangen. Ein Brauchtum hatte sich nur um die großen Heiligengestalten der Adventszeit, um Barbara (siehe Barbarazweige), Nikolaus (siehe Äpfel) und Luzia entwickelt. Nun aber begann man, auch den Advent festlich zu begehen, und nahm im Adventskranz den Weihnachtsbaum vorweg (Radleuchter oder Lichterkronen zu Weihnachten ließen sich allerdings bereits seit dem 17. Jahrhundert belegen): Als sein »Erfinder« gilt der evangelische Theologe Johann Hinrich Wichern (1808–1881), der 1833 in Hamburg das »Rauhe Haus«, eine noch heute existierende soziale Einrichtung zur Erziehung vernachlässigter Jugendlicher gründete und den Kindern

ab 1839 mit einer Art Lichter-Adventskalender die Freude auf das Weihnachtsfest sichtbar machen wollte:

Im Betsaal ist Frühling geworden, und von den grün geschmückten Wänden wittert es uns entgegen, wie Weihnachtsahnung aus dem Tannenwald (Anmerkung: das Tannengrün war noch nicht um den Kranz gewunden!). ... Es ist nichts als ein einfacher Kranz, den der Kronleuchter auf seinem Arm trägt, und auf dem Kranze brennt das erste Licht, ... und kommt ihr morgen, dann brennen schon zwei ..., und jeden Tag eins mehr. Und je mehr Lichter brennen, desto näher rückt Weihnachten und desto froher werden Knaben und Mädchen; und brennt der volle Kranz mit allen 24 Lichtern, dann ist er da, der heilige Christ in all seiner Herrlichkeit.

Der Schritt zu einem Kranz mit Tannengrün und reduziert auf vier Kerzen war nicht weit – beim Anzünden sollten übrigens eingedenk der Wichern'schen Idee die Kerzen im Kreis angezündet werden, wie es das Gedicht »Lied im Advent« ausdrückt, welches fälschlich Matthias Claudius (1740–1815) zugeschrieben wird und stattdessen von seinem Urenkel Hermann Claudius (1878–1980) stammt:

Immer ein Lichtlein mehr
Im Kranz, den wir gewunden,
dass er leuchte uns so sehr
durch die dunklen Stunden.

Zwei und drei und dann vier!
Rund um den Kranz, welch ein Schimmer,
und so leuchten auch wir
und so leuchtet das Zimmer.

... VOR 100 JAHREN

In Deutschland waren der Adventskranz als »Klassiker« mit roten Kerzen (in Süddeutschland erst seit etwa 1930) und der Weihnachtsbaum - nun auch in den Kirchen - nahezu überall etabliert. Das Angebot in den Städten an Bäumen zum Fest war selbst 1917 mitten im Ersten Weltkrieg enorm, wie sich Albrecht Goes (1908-2000) erinnert: *Hier nun gab es keine Kaisertannen, aber Bäume genug: Fichten, Rottannen, Weißtannen, Douglastannen, Weymouthskiefern; tausend, zehntausend, ein großer stiller Wald mitten in der Stadt.*

Allerdings wandelte sich der Tannenbaum vom bunten überladenen Kinderbaum zum edlen silber-weißen Baum mit Glas-Baumschmuck, der häufig natürliche Vorbilder hatte wie Tannenzapfen, Eiszapfen, Vögel oder Nüsse, nachdem die Glasmacher in Thüringen ein Verfahren erfunden hatten, diese herzustellen. Hinzu kamen Lametta, Glitzerwatte und silberne Sterne. Über diese Veränderung findet man 1893 einen anonymen Beitrag in der »Gartenlaube«, dem ersten erfolgreichen Unterhaltungsmagazin - und erlebt einen Traditionsbruch mit:

Wer von uns Älteren hätte wohl in seiner Jugend geglaubt, daß man seinen Christbaum anders schmücken könnte als mit vergoldeten Äpfeln und Nüssen, denen man selbst ihr glänzendes Gewand angezogen hatte ... Heutzutage ist das alles anders. Der Baum muß glänzen, glitzern, funkeln, blenden, daß einem die Augen übergehen. Da gibt es ... blitzende Eiszapfen, silbern schimmernde Blüten ... Schmetterlinge und gaukelnde Kolibris ... entzückende Nichtigkeiten, die den Christbaum zu einem Feengeschenk stempeln, das sinnverwirrend und berauschend wirkt.

... VOR 50 JAHREN ... UND HEUTE

Bereits während der beiden Weltkriege zu Propagandazwecken benutzt, hatten den Weihnachtsbaum Fahnen, U-Boote, Waffen und Flugzeuge geziert. Unter der Herrschaft der Nationalsozialisten wurde er seines christlichen Bezuges entledigt und zur germanischen »Jultanne« umfunktioniert. In der DDR sollte er allenfalls »Schmuckbaum« sein. Dennoch wurde er in vielen Familien aufgestellt - allerdings sparsam geschmückt, denn der in Lauscha im Thüringer Wald hergestellte Weihnachtsbaumschmuck wurde im Westen verkauft.

In der alten Bundesrepublik herrschte zunächst noch eine traditionelle Advents- und Weihnachtsdekoration vor. Aber ganz langsam veränderte sich mit dem Aufkommen der Weihnachtssterne und der auch in finanzieller Hinsicht zunehmenden Verfügbarkeit vieler anderer Pflanzen und Früchte, kombiniert mit einer für unsere Zeit charakteristischen Übernahme der Bräuche aus anderen Ländern - insbesondere, was die eigentlich für den angelsächsischen Raum typischen Pflanzen wie Mistel, Stechpalme und Efeu betrifft - die Gestaltung der Advents- und Weihnachtszeit entscheidend: Sie wurde durch die Verwendung einer Vielzahl von Pflanzen viel bunter - doch die teilweise zahlreiche Jahrhunderte während Tradition der Pflanzen in der Weihnachtszeit klingt durchaus noch an:

Aus dem Inhalt eines der führenden Floristenmagazine »Bloom's« im Dezember 2007:

Mistelsträuße - Lizenz zum Küssen
Weihnachtsstern - Neuer Look für einen Klassiker
Amaryllis - Blütensterne im Winter
Oh Tannenbaum? Ausgefallene Ideen für's Fest

Moderne Weihnachtsdekorationen entfernen sich oft von den traditionellen Pflanzen - die typischen weihnachtlichen Farben aber bleiben.

Nächste Doppelseite
Links: Was gibt es Festlicheres als die Kombination von Rot und Gold?
Rechts: Die Weihnachtsfarben Orange, Rot und Grün in einem ungewöhnlichen Arrangement mit Zierpaprika.

Weihnachtsfarben

Die Farben spielten und spielen eine wichtige Rolle bei den Pflanzen in der Weihnachtszeit. In den letzten Jahrzehnten gab es allerdings insofern eine Veränderung, als auch in dieser Hinsicht Traditionen verschwanden und die jahrhundertealten Symbolgehalte der Farben durch rein ästhetische Gesichtspunkte abgelöst wurden. Und so hebt sich denn auch eine moderne Advents- oder Weihnachtsdekoration von dem Rot-Grün-Klassiker in vielen Fällen allein durch die Farben der verwendeten Pflanzen, Kerzen, Schleifen oder anderer Accessoires ab.

Wie die Pflanzen eine Sprache haben, das heißt, dass ihnen durch die Kulturgeschichte eine Symbolik angetragen wurde und sie über ihre Wahrnehmung als Pflanze hinaus einen »Bedeutungsüberschuss« innehaben, so besitzen auch die Farben einen solchen – das Auftreten einer bestimmten Farbe ist häufig bereits »Programm«. Die Bedeutung der Farben ist allerdings einem Bedeutungswandel je nach Zeit, Zusammenhang oder Brauchtum unterworfen. Festgelegt sind dagegen die Farben für die Liturgie, also das gesamte Geschehen im Gottesdienst, seit Papst Innozenz um das Jahr 1200 Farben im Jahreslauf verbindlich Ereignissen oder Handlungen zuordnete. An dieser Stelle kann nur ein kleiner Bruchteil der sehr komplexen Sinngebung der Farben erwähnt werden, soweit sie die Verwendung zu Advents- bzw. Weihnachtszeit betrifft:

Grün, die Vegetationsfarbe: Abgeleitet von dem indogermanischen Verb *ghro* in der Bedeutung von »wachsen« (engl. *to grow*) steht Grün für die Natur – Grün ist Leben und Hoffnung; die immergrünen Pflanzen sind in der Weihnachtszeit der Garant für die Wiederkehr des Lebens nach dem Winter.

Rot, die Farbe des Feuers und des Blutes: Die Farbe mit der größten Symbolkraft, eine Farbe mit ambivalenter Ausstrahlung, die sowohl für die Macht über Leben und Tod als auch für Glaube, Erfüllung und Liebe (rote Rosen) steht.

Blau, die Farbe des Himmels (und der Meere): Blau symbolisiert das Göttliche, Geistige und findet sich daher auch in dem Mantel Marias (als »Schutzmantelmadonna« auch mit goldener Verzierung als Sternenhimmel) zum Zeichen des göttlichen Schutzes, wie Blau überhaupt als Unheil abweisende Farbe eingesetzt wird. In liturgischem Zusammenhang ist Blau nicht gestattet. In der Natur überhaupt eher selten zu finden und im Winter fast völlig fehlend (Ausnahme Hyazinthen), verkörpert die »blaue Blume« die Sehnsucht und Liebe sowie das Streben nach Unendlichkeit.

Violett oder Lila, die Farbe der Besinnung, Buße, Einkehr und Umkehr: Violett, im Übrigen der französischen Bezeichnung für Veilchen (*violette*) entlehnt, ist die Farbe der Melancholie, der Passion, von Leid und Trauer. In der katholischen Liturgie ist Violett die Farbe der Advents- und Fastenzeit, während die

Purpurfarbe im Altertum als schönste und vornehmste galt.

 **Rosa**, die Farbe der Sanftheit und Weichheit: Die einheimischen Wildrosen gaben der Farbe ihren Namen. In der katholischen Kirche wird sie als Aufhellung des Violetten genutzt, um die Freude über Pausen der Buß- und Fastenzeiten zu demonstrieren: In katholischen Gegenden Europas wie in Bayern, Österreich oder Irland fanden sich rosa- und lilafarbene Kerzen am Adventskranz – in Irland stand eine rosafarbene für den ersten, drei lilafarbene für den zweiten bis vierten Advent sowie eine weiße für Weihnachten, in Bayern waren drei Kerzen lila, nur die vierte Kerze war rosafarben und stand für den Sonntag Gaudete, der bereits auf Weihnachten hinweist.

 **Braun**, die Farbe der Erde: Die Farbe wird assoziiert mit Geborgenheit, Ruhe, Gemütlichkeit, Demut und Armut, aber auch mit Traurigkeit, Schmutz oder Dreck.

 **Gelb**, die Farbe der Sonne: Je nach Gelbton erscheint die Farbe sonnig und damit die Ewigkeit repräsentierend oder auch abstoßend, zumal Gelb auch als Goldersatz verwendet wird und damit Neid und Gier assoziiert.

 **Orange**, die Farbe der Orange: Orange, welches schwerer, irdischer und wärmer als Gelb wirkt, symbolisiert Lust, Freude, Reife, Energie und das Exotische.

 **Weiß**, die Farbe der Unschuld und Reinheit: Die heilige Farbe ist die Farbe der Reinheit, der Freude, des Glanzes, der Engel, Marias und Josephs (Josephslilie). Weiß kann auch ersetzt werden durch **Silber** oder **Gold**, die ihrerseits den Wert und die Kostbarkeit repräsentieren. Nach der babylonischen Astronomie, welche über die Griechen in das mitteleuropäische Bewusstsein rückte, wurden das Gold mit der Sonne und das Silber mit dem Mond verknüpft. Den extremsten Gegensatz zu Weiß bildet **Schwarz**, das Fehlen jeder Farbe. Schwarz ist aber nicht nur die Farbe der Trauer, der Leere und des Unglücks, sondern, zumindest was die Kleidung betrifft, auch die der besonderen Festtage. Schwarz ist außerdem die Farbe des Verzichts, der Weltverachtung und der Demut. Eine Mischung aus den beiden Extremfarben ergibt **Grau**, welches nach der christlichen Symbolik auf die Auferstehung verweist.

 Je nach Auswahl erzielt die Kombination zweier (oder mehrerer) Farben wie bei **Grün und Weiß** eine Harmonie ohne Störung. Bei einem großen Kontrast wird hingegen eine Steigerung der Wirkung erreicht, wie bei der Zu-sammenstellung von **Grün und Rot**, zumal es sich um Farben aus dem jeweiligen Komplementärbereich (eigentlich Grün und Magenta) handelt: Rot strahlt vor Grün noch mehr. Zusätzlich erhalten durch die Kombination sowohl Rot als auch Grün eine sinnbildliche Überhöhung und schaffen eine neue Assoziation: Advent und Weihnachten. Zudem nimmt das Rot das Leiden und Sterben Christi schon bei seiner Geburt vorweg, sodass die beiden Ereignisse als eine Einheit präsentiert werden.

 In der Kombination **Grün und Rot mit Weiß**, die man ja beispielsweise durch die Kombination verschiedenfarbiger Weihnachtssterne oder Amaryllisblüten herstellen kann, mildert man, entsprechend der Farbtheorie, durch das Hinzufügen des Weißes den starken Kontrast der Komplementärfarben, die ja zusammen Weiß ergeben.

 Eine seit einigen Jahren immer populärer werdende Farbkombination stellt die aus **Rot und Weiß** dar. Zum einen ist sie dänisch inspiriert, da die Nationalfarben dieses skandinavischen Landes den Weihnachtsbaum in Form von Fahnen oder geflochtenen Papierherzen seit der Mitte des 19. Jahrhunderts schmücken und im Zuge der Übernahme einiger skandinavischer Traditionen heute zunehmend außerhalb Dänemarks zur Advents- oder Weihnachtsdekoration geschätzt werden.

Zum anderen muss man anlässlich der Farbkombination Rot und Weiß in der Weihnachtszeit Coca Cola erwähnen, weil die weit verbreitete Meinung besteht, dass das Aussehen des Weihnachtsmannes, insbesondere des amerikanischen Santa Claus, der ja seit einigen Jahrzehnten das Weihnachtsfest in aller Welt dominiert, auf die seit etwa 1930 existierende Werbung mit dem Weihnachtsmann und dem coffeinhaltigen Erfrischungsgetränk in der Hand (Illustrator: Haddon Sundblom) zurückgeht. Tatsächlich aber entwickelte der in Deutschland geborene Zeichner Thomas Nast (1840-1902) in »Harper's Weekly« den Weihnachtmann - nach Vorläufern, die sich bis zum Anfang des 19. Jahrhunderts zurückverfolgen lassen, in denen der Weihnachtsmann noch Rot, Blau, Grün oder Violett trug - in der zweiten Hälfte des 19. Jahrhunderts zu der Figur, die ihn auch heute noch unverwechselbar macht: ein stattlicher bis dicker Mann in einem roten Anzug mit weißem Pelzbesatz.

Weihnachtskarten um 1900 zeigen den Weihnachtsmann mit rotem Mantel und weißem Pelzbesatz.

Nächste Doppelseite
Links: Das frische Grün der Thuja mit einem Hauch Gelb eignet sich für Tür- oder Adventskränze.
Rechts: Mit Eibenzweigen lassen sich wunderschöne Kränze herstellen.

Die Pflanzen der Advents- und Weihnachtszeit

Immergrüne Pflanzen

Die immergrünen Sträucher und Bäume, die im Winter ihre Nadeln oder Blätter behalten, gelten seit Jahrtausenden als Sinnbild für das Weiterleben nach der Winterzeit, die weniger als Winterschlaf und Frühlingserwachen denn als Sterben mit anschließender Wiederkehr empfunden wurde. In der Zeit der (Sonnen-) Wende um den Mittwintertag am 21. Dezember (später der Namenstag des heiligen Thomas) schufen Römer, Germanen und Kelten Übergangsriten zur Stärkung der Gemeinschaft, zur Abwehr böser Mächte und zur Vermehrung von Fruchtbarkeit und Wachstum. Deswegen holten sie sich Zweige oder Bäume, insbesondere solche mit immergrünem Laub, ins Haus, von denen sie sich Schutz vor Dämonen versprachen. Das Immergrün sollte gute Geister anlocken, zumal man glaubte, dass diese in den Bäumen wohnten. Zudem war das Immergrün das sichtbare Versprechen höherer Mächte, dass das Leben nicht dem Untergang in der Dunkelheit

preisgegeben werde – eine Hoffnung, die von Generation zu Generation weitergegeben wurde. Davon zeugt die dritte Strophe eines der bekanntesten Weihnachtslieder, welches treffend den Charakter des Immergrünen, auch ohne christlichen Bezug, ausdrückt:

O Tannenbaum, o Tannenbaum,
dein Kleid will mich was lehren:
Die Hoffnung und Beständigkeit
Gibt Trost und Kraft zu jeder Zeit.
O Tannenbaum, o Tannenbaum,
dein Kleid will mich was lehren.

Im Mittelalter hatte es Bestrebungen gegeben, den »heidnischen« Brauch des »Aufsteckens der Tannenzweige« als Aberglauben in Misskredit zu bringen und zu verbieten. Doch er stellte sich als so kraftvoll heraus, dass zu Beginn des 17. Jahrhunderts, als man anfing, Weihnachten gemeinsam zu begehen, Tannen oder andere immergrüne Bäume in das Zentrum der Feiern rückten – ein Platz, den sie nicht wieder räumen sollten. Durch die Jahrhunderte blieben der Tannenbaum und die anderen immergrü-

26

Grüntöne

Ob nun in einer Vase, einem Türkranz oder einem Adventskranz – es ist besonders dekorativ, wenn man verschiedene Pflanzen mischt und durch die Kombination verschiedener Grüntöne einen lebendigen Gesamteindruck erhält: *Es gibt nämlich nicht nur ein Grün, sondern Grün in unendlich vielen Abstufungen und Variationen; mal dunkler, mal heller, mal mehr zu blau, mal mehr zu gelb tendierend. Es kann matt, samtig oder voller Glanz sein. Wie unterschiedlich ist allein das Grün der Koniferen! Klammert man aus der Betrachtung alle Gehölze aus, die herkömmlich als »blau« eingestuft werden …, so bleiben immer noch Tannen und Fichten, Kiefern, Zypressen und Wacholder, deren Grün stark blau durchsetzt scheint, bei anderen Koniferen scheint aus dem Grün ein Gelb hervor. … Das Grün des Buchsbaums indes kündet Lebensfreude … Welch ein Unterschied auch (zu) dem Grün des Efeus …* (AUS: HEINZ BURGHART: KLEINE GÄRTEN – GROSSE LIEBE 1989)

Deutscher Name:	Botanischer Name:	Farbe:
Fichte	*Picea abies*	dunkelgrün bis silbergrau
Blaufichte	*Picea pungens*	stahlblau
Nordmanntanne	*Abies nordmannia*	dunkelgrün
Weißtanne	*Abies alba*	dunkelgrün
Eibe	*Taxus baccata*	dunkelgrün, rote Beeren
Lorbeer	*Laurus nobilis*	leuchtend grün
Seidenkiefer	*Pinus strobus*	blaugrün
Waldkiefer	*Pinus sylvestris*	bläulich bis graugrün
Wacholder	*Juniperus communis*	graugrün
Muschelzypresse	*Chamaecyparis obtusa*	dunkelgrün glänzend
Lebensbaum	*Thuja occidentalis*	grüngelb
Douglasie	*Pseudotsuga menziesii*	grün bis blaugrün

Kranzbinden

Beim Kranzbinden geht man unterschiedlich vor, je nachdem, ob man einen Advents- oder einen Türkranz binden möchte: Für einen Adventskranz werden Zweige auf einen Reifen gegen den Uhrzeigersinn – die Zweigspitzen verlaufen dann im Uhrzeigersinn – dachziegelartig übereinander gebunden. Die unteren Zweige sollten schräg nach unten verlaufen und die mittige Öffnung etwa die Hälfte des Kranzes betragen. Man besteckt dabei nur die Oberseite und die Seiten des Reifens mit Zweigen. Ein Türkranz sollte dagegen viel flacher gebunden werden, oben dünner sein als unten und auch auf der Unterseite sollten Zweige die Türe vor Verkratzen schützen.

MISTEL

Holly ho – Mistletoe!
Wir sitzen gedrängt um den trauten Kamin,
es knattern die Brände, die Kohlen glühen.
Mit der Festzeit Laub ist das Haus bekränzt,
die Tanne duftet, die Stechpalme glänzt,

nen Pflanzen ein Zeichen der Hoffnung, ganz besonders auch in dunklen Zeiten, wie das in einem Brief des Düsseldorfer Schriftstellers Emil Barth (1900-1958) vom Weihnachtsfest 1944 zum Ausdruck kommt:

In aller Trauer muss ich mir doch sagen, dass ich vorm Jahre kaum zu hoffen gewagt, das diesjährige Fest noch hier und im heilen Heim verbringen zu dürfen. Wir haben die Zimmer mit ernsten Zweigen geschmückt, auch vom Lebensbaum, der wie vom Grab unserer Jüngstverstorbenen grüßt, und vom dornigen Grün des Ilex, des wilden Lorbeers, den wir im Wald geholt und an den mich so viele, so teure und fruchtbare Erinnerungen knüpfen.

und vom Balkenknauf, weißbeerig sie,
Lauscht die Mistel nieder, die Schelmin, die!
FERDINAND FREILIGRATH (1810-1876)

Die immergrüne Mistel (*Viscum album*) wächst als Halb-Schmarotzer (das heißt, sie entzieht dem Wirt zwar Wasser und Nährsalze, betreibt die Photosynthese jedoch selbst) in Nord- und Zentraleuropa seit 135 Millionen Jahren auf einer ganzen Reihe von Bäumen, besonders auf Laubbäumen wie Pappel, Ahorn, Apfelbaum, selten auf Eichen. Die kugelförmigen Gebilde werden oft erst erkennbar, wenn im Herbst die Blätter gefallen sind. Ihr ungewöhnliches Erscheinungsbild mit den gegabelten Ästen, an denen paarweise die Blätter sitzen, ihr nach unten gerichtetes Wachstum, die Blütezeit im Februar und die weißen Früchte, die im November sichtbar werden, regten die Menschen seit Jahrtausenden dazu an, ihr eine magisch-mythische Bedeutung zuzuweisen. Diese findet sich zum einen bei den Kelten, jener Volksgruppe, die seit dem 9. vorchristlichen

VISCVM

Mistel.

Jahrhundert ausgehend von dem südwestlichen Mitteleuropa zunächst Spanien (und die Britischen Inseln?), dann auch Teile Südosteuropas eroberte und erst durch Gaius Julius Caesar (100–44 v. Chr.) und die Wanderungen der Germanen zurückgedrängt wurden. Dass wir Kenntnis haben von ihren Sitten, obwohl es den keltischen Priestern, den Druiden, verboten war, ihr Wissen aufzuschreiben, verdanken wir den Schilderungen des römischen Schriftstellers Plinius des Älteren (etwa 23–79). Er schreibt in seinem Hauptwerk »Historia naturalis«, mit dem er nahezu das gesamte Wissen seiner Zeit zusammenfasste (Liber XVI, Kap. 93–94): *Nicht zu vergessen ist hierbei die hohe Mistelverehrung bei den Galliern. Nichts haben die Druiden – so nennen sie ihre Priester – was ihnen heiliger wäre als die Mistel und der Baum, auf dem die wächst, zumal wenn es eine Wintereiche ist ... Sie heißen in ihrer Sprache die Mistel die »alles heilende«. Der Priester ... schneidet mit einer goldenen Sichel die Mistel ab. In einem weißen Mantel wird sie aufgefangen.*

Der Mistelschnitt, der so trefflich von Goscinny und Uderzo in dem Band »Asterix der Gallier« (Band I, S. 4) illustriert wurde, sollte – wenn möglich – an besonders geeigneten Tagen wie dem sechsten Tag nach Vollmond zu Jahresbeginn erfolgen. Dann wurde die Kultpflanze in einer feierlichen Zeremonie dem Zaubertrank beigefügt, in dem sie ihre Wirksamkeit gegen Gifte und Krankheiten aller Art entfalten sollte. Und so wurde sie zum Inbegriff der Abwehr alles Bösen, zum Hoffnungs-, Glücks- und Fruchtbarkeitssymbol.

Im Gegensatz dazu überliefern die Germanen für die Mistel (altnordisch: *mistelteinn*) eine ganz andere Bedeutung: Sie sahen in der Mistel ein Mittel der Aggression, der Verwüstung und des Schädlichen. In der »Edda«, der altisländischen Liedersammlung aus dem 13. Jahrhundert mit ihren altnordischen Götter- und Heldensagen, wird der schöne Licht- und Sommergott Baldur durch einen Mistel-Pfeil getötet. Poetisch setzte der provenzalische Dichter Paul Arène (1843–1896) diese Ambivalenz poe-

Ein alter Fruchtbarkeitszauber verlangte, dass man bei jedem Kuss eine Mistelbeere pflückte, bis der Zweig keine Beeren mehr trug.

Misteln im eigenen Garten

Nachdem die Misteln in der Natur in vielen Gegenden rar geworden sind, lohnt sich vielleicht der Versuch, sie im heimischen Garten anzusiedeln. Dazu verletzt man einen Baum, vorzugsweise einen Apfelbaum, ein wenig und drückt die Beere mit dem Samen und dem klebrigen Fruchtfleisch in diese kleine Vertiefung. In der Natur sorgen die Vögel mit ihrem Kot für die Verbreitung der Mistel. Die Chancen sind nicht schlecht, dass ein Keimling sofort einen Saugfortsatz (Haustorium) in den Wirt vorantreibt und die Mistel ihr Wachstum beginnen kann. Nach einem Jahr ist die Pflanze erst einen Zentimeter groß. Sie blüht das erste Mal nach fünf Jahren, und bis eine Kugel von einem Meter Durchmesser erreicht ist, vergehen siebzig Jahre. Man muss allerdings damit rechnen, dass der Ertrag des Baumes über die Jahre abnehmen kann – in der Forstwirtschaft richten Misteln einen ungeheuren Schaden an.

tisch in Szene in »Gute und schlechte Misteln«: *Das sind die Misteln, die ihr braucht; die trügen nicht. Diese Misteln haben den Winter, den Frost und die Kälte überstanden, und sie sind nicht mit dem ersten Sturm vom Baum gefallen ... Ich habe es Euch gesagt: Es gibt gute und schlechte Misteln, so wie es zwei Arten von Liebe gibt – die, die glücklich macht, und die, die unglücklich macht.*

Die Mistel blieb ein wichtiges Element des Volksglaubens, selbst als die katholische Kirche gegen diese »heidnischen« Bräuche vehement vorging (in anglikanischen Kirchen darf sie bis heute nicht in Gotteshäusern aufgehängt werden!). Sie wurde auch zu einem geschätzten (All-)Heilmittel, welches in keinem Kräuterbuch des Mittelalters fehlte. Sollte man einzelne Indikationen hervorheben, dann wären Epilepsie und Schwindel zu nennen, seit 100 Jahren auch Arthrose und Bluthochdruck (mittlerweile bedeutungslos). Die heute mit vielen Hoffnungen behaftet parenterale Krebstherapie mit Mistelextrakten wurde 1917 durch den Philosophen Rudolf Steiner (1861–1925) angestoßen.

Präsent blieb durch die Jahrhunderte die Rolle der Mistel als mittwinterlicher bzw. später dann weihnachtlicher Zimmerschmuck: Zwar verlor sie in England ihr Alleinstellungsmerkmal nur nachdem Albert von Sachsen-Coburg und Gotha (1819–1861), der deutschstämmige Prinzgemahl der englischen Königin Victoria (1819–1901), den Weihnachtsbaum um 1840 zunächst am englischen Hofe eingeführt hatte und diese Sitte rasch im ganzen Land übernommen worden war. Doch wird sie bis auf den heutigen Tag an zentraler Stelle an der Decke des Wohnraums oder aber auch über einem Torgang aufgehängt: *No mistletoe, no luck!*, heißt es. Der Brauch des Küssens unter dem Mistelzweig entspricht dem in Europa weit verbreiteten Brauch (Skandinavien, Frankreich, Rumänien), dass ein Mädchen bald Braut und Mutter wird, wenn es eine Mistel auf einem Apfelbaum findet bzw. wenn Verlobungen unter einer Mistel besiegelt werden. Früher war es üblich, bei jedem Kuss eine Beere zu pflücken, bis mit dem Abnehmen der letzten der Fruchtbarkeitszauber wirken konnte.

31

In Frankreich erlebten die Bräuche der Vorfahren in der Romantik der 2. Hälfte des 19. Jahrhunderts eine regelrechte Renaissance, in deren Zuge auch die Mistel wieder »aktiviert« wurde. In der Bretagne versammeln sich Kinder einen Tag vor Weihnachten oder an Silvester mit Misteln über der Schulter und ziehen von Haus zu Haus, und der Name der noch heute aktiven Druidenbruderschaft *O Ghel an Heu* wurde zu einem in Frankreich üblichen Neujahrsgruß: *Au gui l'an neuf* (*gui*: französisch für »Mistel«). Während die Mistel im deutschsprachigen Raum zu Beginn des letzten Jahrhunderts eher als dekoratives Element besonders des Jugendstils auf Gebrauchsgegenständen wie Tellern, Vasen oder Lampen, aber auch Schmuck fungierte, setzte sich in den letzten Jahrzehnten ihr Einsatz als weihnachtlicher Zimmerschmuck – wie in ganz Europa und den USA – durch.

STECHPALME

… Und wie, wenn alle Sommerbäume grün
Dastehn und blühn
Die Blätter dieses einz'gen Baumes nie
So glühn wie sie,
Doch spät im öden Winter uns allein
Mit ihrem dunklen Wintergrün erfreun …

AUS: »DIE STECHPALME« VON ROBERT SOUTHEY (1774–1843), ÜBERSETZT VON FERDINAND FREILIGRATH (1810–1876)

Die (Europäische) Stechpalme (*Ilex aquifolium*) ist *die* ideale Weihnachtspflanze: Erstens sind die lederartigen, stachelspitzig gezähnten Blätter immergrün, zweitens vereint sie mit den roten Beeren, die sich ab Oktober an den Zweigen finden, das rot-grüne Farbkonzept auf sehr dekorative Weise in einer Pflanze und drittens handelt es sich um eine in Westeuropa einheimische Pflanze, die wild in Wald und Hecken oder auch als Solitär ganz unkompliziert wächst und sogar bis 300 Jahre alt werden kann.

Stechpalmen im Garten

In Deutschland steht die Stechpalme heutzutage unter Naturschutz. Wer seinen Garten mit einem Ilexstrauch verschönern will (auch die Haltung als Kübelpflanze ist möglich, dann muss aber ein Winterschutz erfolgen!), der findet eine Vielzahl von Arten mit ganz unterschiedlicher Wuchshöhe und verschiedenen Blattarten. Zu beachten wäre vielleicht, dass die Pflanzen zweihäusig sind (diözisch), das heißt, dass es männliche und weibliche Pflanzen gibt, die nicht zu weit auseinander stehen sollten, um eine Befruchtung zu ermöglichen. Die Beeren, die im Übrigen auch ohne Blätter am Ast bzw. auch abgestreift und in einem Glas gesammelt sehr dekorativ aussehen, sind giftig : 20–30 Stück können bereits zum Tode führen – die Vögel allerdings schätzen die Beeren, wenn sie nach dem Frost weich geworden sind.

3   2

4   1

Links: Die Stechpalme in einer Darstellung aus dem 18. Jahrhundert.

Rechts: Von Reif bedeckt, sehen die roten Beeren des Ilex besonders schön aus.

Die Kelten und Angelsachsen hatten im Winter Stechpalmen (und Efeu) an den Eingängen ihrer Wohnstätten befestigt, um den Geistern und Feen ein Heim zu bieten und sie freundlich zu stimmen, auf dass sie die Wohnungen schützten. Auch die Römer schmückten zu den Saturnalien, ihrem Mittwinterfest, die Häuser mit Ilexzweigen – dem Gott Saturn zu Ehren. So wurde die Stechpalme zum Inbegriff des Schutzes vor allem Bösen (Harry Potters Zauberstab ist aus Ilexholz!).

Während sich die Verwendung der Pflanze sogar als Weihnachtsbaum in der Schweiz, in Straßburg und im Schwarzwald – typischerweise in Gegenden, in denen es im Winter nicht zu kalt ist, wie dem Oberrheingraben – seit dem 16. Jahrhundert nachweisen lässt, ist die heute übliche Verwendung doch vor allem als Übernahme einer englischen Tradition zu deuten. Denn in England, wo die Stechpalme verbreitet natürlich vorkommt, ist ein Schmuck des Hauses zu Weihnachten mit Stechpalmen seit dem 15. Jahrhundert »flächendeckend« ge-

bräuchlich und wurde geradezu, wie durch Charles Dickens (1812–1870) eindrucksvoll beschrieben, zusammen mit Mistel und Efeu zum Inbegriff des Weihnachtsfestes: *Es war sein eigenes Zimmer. Daran ließ sich nicht zweifeln. Aber eine wunderbare Umwandlung war mit ihm vorgegangen. Wände und Decke waren ganz mit grünen Zweigen bedeckt, dass es aussah wie eine Laube, in der überall glänzende Beeren schimmerten. Die glänzenden, starren Blätter der Stechpalme, der Mistel und des Efeus warfen das Licht zurück und erschienen wie ebenso viele Spiegel.* (WEIHNACHTSLIED. DRITTE STROPHE, DER ZWEITE GEIST)

Noch populärer ist die Stechpalme in unseren Tagen allerdings in den USA, wo Weihnachten ohne *holly*, wie der Ilex auf Englisch heißt, undenkbar ist (ob allerdings der Name Hollywood tatsächlich von den Stechpalmenhecken, die in der Umgebung von Los Angeles vorkommen, herrührt, ist unsicher).

Zunächst von der katholischen Kirche als »heidnisch« abgelehnt, fand diese im Laufe der Zeit

HEDERA
NIGRA.
Maurepheu.

Efeu zu Hause
Efeu als Zimmerpflanze ist nicht unbedingt anspruchsvoll, doch sollte er nicht zu warm stehen, da er sonst relativ anfällig für Schädlinge ist. Die grünen Sorten vertragen mehr Schatten als die farbigen. Gießen sollte man ihn nicht zu viel, die Erde sollte jedoch nie völlig austrocknen. Eventuell kann man die Pflanze mit Wasser besprühen, um niedrige Luftfeuchtigkeit auszugleichen. Ganz unempfindlich zeigt sich der Efeu gegenüber einem Rückschnitt, den man an jeder gewünschten Stelle ansetzen kann.

dann aber Gefallen an der Pflanze und deutete die Beeren als Blutstropfen, die gezähnten Blätter als Dornenkrone und das Grün als Hoffnung: Die Stechpalme wurde zum Symbol für Jesus schlechthin. Aber auch als Palmenersatz (daher Stech-Palme!) am Palmsonntag konnten die Ilexzweige sinnbildhaft dienen: Einer Legende nach erhielt jede Palme, mit welcher Jesus in Jerusalem begrüßt wurde, Stacheln – im Hinblick auf die Leiden der Karwoche.

EFEU

Eppich (Efeu), mein alter Hausgesell,
Du bist von jungen Blättern hell,
Dein Wintergrün so still und streng
Veträgt's sich mit dem Lenzgedräng?

AUS: »EPPICH« VON CONRAD FERDINAND MEYER (1825–1898)

Der Efeu (*Hedera helix*), volkstümlich – seine immergrüne Eigenschaft betonend – auch als

»Wintergrün« bezeichnet, ist eigentlich ein Symbol für Treue, Freundschaft und Liebe, was sich ganz offensichtlich ableitet von der Fähigkeit der Pflanze, mithilfe ihrer Wurzeln an Mauern oder Bäumen bis in eine Höhe von 20 Metern emporzuklettern – und das eben in Abhängigkeit und mit der notwendigen Hilfestellung des Partners.

Dass der Efeu zudem auch noch als Weihnachtspflanze geschätzt wird, liegt an seiner Verwendung durch die Kelten, die diese ausdauernde, kraftvolle »heilige Pflanze«, die bis 350 Jahre alt werden kann, als männliches Prinzip in Kombination mit der weiblichen Stechpalme zum Schmuck der Eingänge der Wohnstätten nutzten. Interessanterweise ist dieser Brauch im heutigen Montenegro, dem Land im Südosten Europas, in welches die Kelten etwa 400 vor Christus einwanderten, bis heute erhalten: Dort bekränzt man am Weihnachtsabend seine Tür mit Efeu.

Ein in England äußerst populäres Weihnachtslied legt Zeugnis ab von dieser Verbindung von

Stechpalme und Efeu: *The Holly and the Ivy*. Das Lied scheint bereits seit 1000 Jahren als Volkslied im Rahmen der keltisch-heidnischen Tradition gebräuchlich zu sein, überstand alle Anfeindungen des »Heidnischen« insbesondere im 17. Jahrhundert und wurde durch Cecil Sharp (1859-1924), der sich um die traditionelle englische Musik verdient machte, Anfang des 20. Jahrhunderts bekannt:

1. The holly and the ivy,
Now both are full well grown.
Of all the trees that are in the wood,
The holly bears the crown.

Chorus
Oh, the rising of the sun,
The running of the deer.
The playing of the merry organ,
Sweet singing of the choir.

2. The holly bears a blossom
As white as lily flower;
And Mary bore sweet Jesus Christ
To be our sweet Saviour. Chorus

3. The holly bears a berry
As red as any blood;
And Mary bore sweet Jesus Christ
To do poor sinners good. Chorus

[...]

6. The holly and the ivy,
When they are both full grown,
Of all the trees that are in the wood,
The holly bears the crown. Chorus

TANNE

O Tannenbaum, o Tannenbaum,
wie grün sind deine Blätter!
Du grünst nicht nur zur Sommerszeit,
nein, auch im Winter, wenn es schneit.
O Tannenbaum, o Tannenbaum,
wie grün sind deine Blätter.
DEUTSCHES WEIHNACHTSLIED

»O Tannenbaum«, 1824 durch Ernst Anschütz (1780-1861) in Anlehnung an ein Liebeslied als musikalische Referenz an den in vielen deutschen, vor allem protestantischen Wohnzimmern angekommenen Nadelbaum zum Weihnachtslied erhoben, besingt in unnachahmlicher Weise *das* Weihnachtssymbol schlechthin: die Tanne, welche als Zweig, Kranz oder Baum die Advents- und Weihnachtszeit bestimmt. Bei einer Umfrage vor einigen Jahren gehörte für 86 Prozent der Deutschen der Tannenbaum zwingend zu Weihnachten. Die Tanne steht – durch den Schmuck veredelt – in vielen Ländern im Zentrum des Weihnachtsgeschehens: in Norddeutschland seit etwa 1800, in Süddeutschland seit dem 19. Jahrhundert als »Christbaum«, in Österreich seit 1816, aber auch in England seit 1840 und in den USA seit 1833. Hier schlüpft Santa Claus am 25. Dezember durch den Kamin und legt die Geschenke unter den Baum. In Skandinavien tanzt die Familie am Heiligen Abend um den Baum (beeindruckend filmisch umgesetzt in Ingmar Bergmanns »Fanny und Alexander«), in Russland wird der Baum (*jolka*) seit etwa 1820 bereits zu Silvester und nicht erst am russisch-orthodoxen Weihnachtsfest am 7. Januar feierlich errichtet. Dagegen behielten in allen katholisch geprägten Ländern wie Spanien, Italien und Südamerika, teilweise aber auch in Frankreich

Nicht immer müssen Kränze aus Zweigen bestehen – sehr ansprechend wirken auch Kränze aus verschiedenen Zapfen mit etwas Grün.

Winterstimmung vermitteln die schneebedeckten Tannen auf Caspar David Friedrichs Gemälde »Frühschnee« (um 1827).

So bleibt der Tannenbaum lange frisch

Wenn man Gelegenheit zur Lagerung hat, kann der Baum ruhig zeitig im Dezember gekauft und dann an einen kühlen Ort mit genügend Wasser gestellt werden – dazu haben viele Weihnachtsbaumverkäufer nämlich keine Gelegenheit. Man schneidet ihn am besten am Stammende an, bevor er ins Zimmer geholt wird. Günstig ist der Einsatz eines Christbaumständers mit Wassertank, da der Wasserbedarf eines Baumes nicht zu unterschätzen ist: In den ersten Tagen benötigt er zweimal pro Tag Wassernachschub.

bis auf den heutigen Tag die Krippen ihren zentralen Platz an Weihnachten.

In vielen Fällen handelt es sich bei dem »Tannen-, Weihnachts- oder Christbaum« allerdings um eine Fichte (*Picea abies*): In Europas Wäldern kommt nämlich auf hundert Fichten nur eine Tanne. Zwar besiedelten Fichten ursprünglich nur höhere oder kältere Lagen, z.B. in Skandinavien, doch wurden sie seit dem 18. Jahrhundert auch bei uns großflächig angepflanzt und als *der* Holzlieferant genutzt – die Bezeichnung »Brotbaum des Waldbesitzers« zeugt davon. Ausgedehnte Bestände an Tannen gibt es in Mitteleuropa dagegen nur noch in den Pyrenäen, in Zentralfrankreich in den Vogesen und im Schwarzwald. Unterscheiden kann man die beiden Nadelgehölze dadurch, dass die Tannennadeln, die bis zu elf Jahre alt werden, weich sind und meist auf der Unterseite zwei helle Streifen tragen. Zudem stehen bei den Tannen die Zapfen, die verholzten Blütenstände der Koniferen, aufrecht nach oben und fallen nie als Ganzes ab, weil sie bereits am Baum zerfallen. Bei den

sogenannten Tannenzapfen, die ja in der Weihnachtszeit sehr dekorativ eingesetzt werden können, handelt es sich also um Fichten- oder Kiefernzapfen.

Als Weihnachtsbaum bevorzugen jedenfalls zwei Drittel der Käufer eine Tanne, genauer gesagt die Nordmanntanne (*A. nordmanniana*), benannt nach dem finnischen Biologen Alexander von Nordmann (1803-1866), der diese Tannenart auf seinen Exkursionen im Kaukasus entdeckte. Charakteristisch für die Nordmanntanne sind das besondere Grün der Nadeln und die lange Haltbarkeit. Sie wird heutzutage vor allem in Dänemark in riesigen Plantagen angebaut, welche pro Jahr etwa fünf Millionen exportierte Bäume liefern. Bis ein Baum zwei Meter hoch ist, vergehen etwa zwölf Jahre. Vielleicht ist das Aufstellen eines lebenden Baumes im Topf – der allerdings nicht länger als zehn Tage im Zimmer gelassen werden darf – ja doch eine Alternative, wenn man beim Lesen von Hans Christian Andersens (1805-1875) Märchen »Der Tannenbaum« mit dem

Protagonisten leidet, der nach vielen Jahren des Hoffens zum Weihnachtsbaum wird, den schönsten Abend seines Lebens als Mittelpunkt der Weihnachtsfeier einer großbürgerlichen Familie erlebt, um dann nach den Feiertagen lieblos entsorgt zu werden.

BUCHSBAUM

Nur du, mein kleiner Buchsbaum, pflanzest
Dein grünes Haupt
Dem Frost entgegen, und verhöhnest
Des Winters Macht

AUS: »DER GÄRTNER AN DEN GARTEN IM WINTER«
VON LUDWIG HEINRICH CHRISTOPH HÖLTY
(1748-1776)

Der älteste Bericht über eine familiäre Weihnachtsfeier um einen Weihnachtsbaum (mit Kerzen!) ist eine Schilderung von Elisabeth Charlotte (genannt Liselotte) von der Pfalz, Herzogin von Orléans (1652-1722), die mit dem Bruder Ludwigs XIV. verheiratet war und – teilweise sehr isoliert in Paris lebend – 60.000 Briefe verfasste, die sowohl die Lebensumstände am Pariser Hofe als auch die ihrer Kindheit schildern. Sie musste wegen Streitigkeiten ihrer Eltern ein paar Jahre am Hof in Hannover verbringen und schrieb am 11. Dezember 1708 an ihre Tochter Elisabeth Charlotte rückblickend über die dortige Weihnachtsfeier des Jahres 1662: *Da richtet man Tische wie Altäre her und stattet sie für jedes Kind mit allerlei Dingen aus, wie neue Kleider, Silberzeug, Puppen, Zuckerwerk und alles mögliche. Auf diese Tische stellt man Buchsbäume und befestigt an jedem Zweig ein Kerzchen. Das sieht allerliebst aus ...*
Der Buchsbaum (*Buxus sempervirens*), einer der wenigen Laubbäume unter den Immergrünen,

ist vom Mittelmeergebiet über das Gebiet von Rhein und Mosel bis nach England heimisch. Er war bereits im 16. Jahrhundert in Deutschland weit verbreitet und leitete beispielsweise das 1613 erschienene Prachtwerk des Apothekers Basilius Besler (1561-1629) in der Rubrik »Frühling« ein. Man schätzte an dieser dekorativen Gartenpflanze, die sowohl als bis zu 15 Meter hoch wachsender Strauch in der Varietät *Arborescens* als auch als niedrigere Sorte *Suffruticosa* zur Beeteinfassung gepflanzt wurde, ihre glänzenden immergrünen Blätter, die zu jeder Jahreszeit eine Zierde im Garten darstell(t)en. Sowohl als Beetumrandung als auch in Form geschnittener Ornamente oder in Töpfen gehalten, waren die Buchspflanzen im 16. und 17. Jahrhundert sozusagen »en vogue« in den Gärten der Adligen und der Wohlhabenden, allerdings nicht in Bauerngärten. Darüber hinaus schätzte man das Holz, das schon die Griechen und Römer hoch geachtet hatten – im Übrigen das schwerste und härteste aller in Europa heimischen Hölzer – bei der Herstellung von Gefäßen zur Aufbewahrung von Waffen (von *buxus* leitet sich die Büchse ab), Holzblasinstrumenten, Druckstöcken oder Kruzifixen. Zudem galten Buchsbäume, die bis zu 600 Jahre alt werden können, als Symbol des ewigen Lebens und waren damit prädestiniert als Attribute des griechischen Gottes der Unterwelt Hades, aber vor allem auch von Maria und Jesus – heutzutage erfährt der Buchsbaum vor allem am Palmsonntag Verwendung, wenn er als Hauptbestandteil der Palmbuschen gebunden wird.

Moderne Weihnachtsdekorationen verbinden den Buchs mit vielen anderen winterlichen Gewürzen und Früchten zu wunderschönen Kränzen und Gestecken.

Nächste Doppelseite
Links: Als immergrüne Pflanze eignet sich Buchs besonders zur Advents- und Weihnachtsdekoration.
Rechts: Buchs (WEINMANN, EIGENTLICHE DARSTELLUNG, 1735)

Buchs als Zimmerpflanze
Obwohl es sich ja um eine echte Gartenpflanze handelt, kann der Buchsbaum auch im Haus eine Zierde sein und dort dunkle Ecken verschönern – er ist eher sonnenempfindlich und benötigt ausreichend Bewässerung.
Zu beachten ist auch, dass er recht streng duften kann und deswegen vielleicht auf geruchsarme Sorten (B. microphylla) zurückgegriffen werden sollte.

a

c

ROSMARIN

Ich hab die Nacht geträumet
Wohl einen schweren Traum.
Es wuchs in meinem Garten
Ein Rosmarienbaum.
JOACHIM AUGUST ZARNACK (1777–1827)

Rosmarin (*Rosmarinus officinalis*) assoziieren wir heute eher mit einem mediterranen Gewürz, das im Sommer die Fensterbänke ziert, als mit einer in der Weihnachtszeit verwendeten Pflanze, doch wird diese seit dem Mittelalter als solche vielfach erwähnt: *In der Christnacht um 12 Uhr sind alle Wasser Wein und alle Bäume Rosmarein*, heißt es im Rheinland; *In der Weihnachtsnacht blüht der Rosmarin*, findet man in englischen Quellen. Konkreter ist da der wiederum aus England stammende Brauch, Rosmarin am Weihnachtsabend auf den Boden zu legen, der dann beim Darübergehen seinen Duft entfaltet, oder die Maßgabe, dass Chorsänger am Weihnachtsmorgen Rosmarinzweige am Revers tragen sollten.

Und dann gibt es noch die Legende, dass der Rosmarin seine blauen Blüten erhalten habe, als Maria auf der Flucht ihren Mantel über einen Busch geworfen habe, um sich zu verstecken und so die ursprünglich weißen Blüten ihre Farbe gewechselt hätten. Vielleicht rührt daher die fälschliche Deutung des Namens als »Rose Mariens« (im Englischen heißt er *rosemary*) – vielmehr stammt er von der lateinischen Bezeichnung *ros marinus* (»Tau des Meeres«), wie die Pflanze bei dem römischen Autor Lucius Iunius Moderatus Columella (gest. 70 n. Chr.) genannt wird, bzw. von dem griechischen Namen *rhops myrinos* (»balsamischer Strauch«). Diese Benennung wird der im Mittelmeergebiet heimischen Pflanze auch am ehesten gerecht, denn der bis zu 1,70 Meter hohe Strauch duftet das ganze Jahr, auch wenn die Blüten längst verblüht sind. Einer Legende zufolge werde die Pflanze nicht größer als der Gottessohn und wie dieser auch nicht älter als 33 Jahre. Rosmarin, der in den antiken Kulturen rund ums Mittelmeer (Ägypten, Griechenland und

Rosmarin im Topf
Prinzipiell gilt, dass Rosmarin im Winter ins Haus geholt werden muss, wobei heutzutage auch die Züchtung kältetoleranter Sorten wie »Arp« gelungen ist. Im Haus sollte der Topf so hell wie möglich stehen, um die Bildung dünner Lichttriebe zu verhindern. Auf ausreichende Wasserzufuhr ist zu achten, da sonst der Verlust oder das Braunwerden der Nadeln droht.

Rom) besonders als Schmuckpflanze geschätzt und verehrt wurde, war im Mittelalter nördlich der Alpen bereits bekannt, als dort in den jahrhundertelang maßgeblichen Vorschriften zur Gartenanlage, wie dem »Capitulare de villis« Karls des Großen von 812 und dem Sankt Galler Klosterplan (nach 923) Pflanzen vorgestellt wurden, die zu Zier-, Heil- oder Würzzwecken gepflanzt werden sollten. Dabei war der Anbau des nicht winterharten Rosmarins entweder mit einem Winterschutz oder in Töpfen vorgesehen. Seine Anwendungen waren mannigfaltig: in der Küche zum Würzen von Fleisch, Fisch und Bier, medizinisch zur Stärkung des Gedächtnisses und zur Erhaltung jugendlicher Frische (er ist auch Bestandteil von Kölnisch Wasser), bei Appetitlosigkeit, rheumatischen Beschwerden, Zahnfleischentzündungen, um nur ein paar Indikationen zu nennen – 1675 wurden in dem »Rosmarinbüchlein« eines unbekannten Autors (»Curen un Arzeneyen«) 200 Rezepte aufgeführt. Rosmarin mit seinen nadelförmigen Blättern war aber immer auch eine beliebte Zierpflanze, die wohl in keinem Haushalt fehlte.

Darüber hinaus wurde er zum Symbol erhoben – für Treue, Erinnerung und Unsterblichkeit. Man findet ihn sehr weit verbreitet, besonders in England, entweder ganz allgemein gesprochen zur festlichen Ausgestaltung eines Ereignisses, wie Taufe, Konfirmation, Hochzeit oder Begräbnis, oder als Besonderheit im Alltag wie als Einlage in die Gebetsbücher beziehungsweise auch zu festlichen Anlässen wie Weihnachten.

Links: Rosmarin (FUCHS, NEW KREÜTERBUCH, 1543)

Rechts: Äpfel und Nüsse sind die traditionellen Geschenke des Nikolaus'.

Pflanzen aus dem bäuerlichen Umfeld

Noch Anfang des 19. Jahrhundert betrug der Anteil der ländlichen Bevölkerung 75 Prozent (1960 waren es 24 und 2000 etwa 14 Prozent). Bäuerliche Lebensbedingungen bestimmten daher das Leben der meisten Menschen in Deutschland. Diese verstanden sich als Teil der Natur, die den Tages-, Wochen- und Jahresablauf vorgab. Die Saat, das Wachstum und die Ernte bestimmten ihr Wohlergehen, wie sie das ihrer Vorfahren seit Jahrhunderten beeinflusst hatten. Alles, was die Menschen umgab, – die Tiere, die Pflanzen oder das Wetter – wurde zum Gegenstand der Beobachtung und eines von Generation zu Generation weitergegebenen Volks- und Aberglaubens. So erging es auch den Äpfeln, den Nüssen, dem Stroh und dem Holz – allesamt der Natur entnommene Dingen, mit denen man täglich umging und die darüber hinaus zu Kult-Objekten, auch im Zusammenhang mit dem weihnachtlichen Geschehen, umgedeutet wurden.

ÄPFEL

Christkind im Walde
… Christkindlein trat zum Apfelbaum,
erweckt ihn aus dem Wintertraum
»Schenk Äpfel süß, schenk Äpfel zart
Schenk Äpfel mir von aller Art.«

… Da regnet's Äpfel ringsumher;
Christkindleins Taschen wurden schwer
Die süßen Früchte alle nahm's
Und so zu den Menschen kam's. …
ERNST VON WILDENBRUCH (1845–1909)

Kulturhistorische Betrachtungen über den Apfel in der Weihnachtszeit beginnen im wahrsten Sinne bei Adam und Eva, als Eva eine Frucht vom »Baum der Erkenntnis von Gut und Böse« pflückte: *Da sah die Frau, dass es köstlich wäre, von dem Baum zu essen, dass der Baum eine Augenweide war und dazu verlockte, klug zu werden. Sie nahm von seinen Früchten und aß; sie gab auch ihrem Mann, der bei ihr war, und auch er aß.* (GENESIS 3, 4)

Die Deutung der »Früchte der Erkenntnis«, wie es im Urtext hieß, als Äpfel war ab dem 5. nachchristlichen Jahrhundert erfolgt, als man begann, die Paradiesfrucht botanisch zu definieren. Doch zur Zeit der Entstehung des Alten Testamentes gab es am östlichen Mittelmeer keine Äpfel; es müsste sich demzufolge um Feigen, Granatäpfel oder Quitten gehandelt haben. Erstmals wird die Frucht in Frankreich als Apfel bezeichnet; das lateinische *malum* für Böse wurde möglicherweise verwechselt mit *malus* (»Apfel«).

Den Tag des Sündenfalls beging man nun kalendarisch am Vorabend des Weihnachtsfestes, am 24. Dezember, und schuf damit eine enge Verbindung von menschlicher Sünde und Erlösung durch Christi Geburt. Damit wurde der Apfelbaum dann zum Paradiesbaum und zu einem wichtigen Requisit bei den Mysterienspielen, die im 10. und 11. Jahrhundert in Nordfrankreich aufkamen, sich rasch in Deutschland, der Schweiz und Österreich ausbreiteten und außerordentlich populär wurden. Vor dem Christgeburtsspiel wurde das Paradeisspiel aufgeführt (als Oberuferer Weihnachtsspiel in den Waldorfschulen bis auf den heutigen Tag). Der Apfelbaum blieb die ganze Zeit auf der Bühne stehen und bildete eine Klammer zwischen beiden Geschehnissen - insofern gelten Apfelbäume dann auch als mögliche Vorläufer des Weihnachtsbaumes. Im 16. und 17. Jahrhundert wurden diese Spiele auf den Marktplätzen immer drastischer und dramatischer, bis sie schließlich durch die Reformation in Nord- und Mitteldeutschland verboten und durch Christkindelumzüge ersetzt wurden.

Die Äpfel »wanderten« nun in zahlreichen Kunstwerken des 15. und 16. Jahrhunderts als Zeichen des Heils und der Erlösung in die Hand des Jesuskindes oder Marias, der »neuen Eva« - so reicht beispielsweise Hans Memlings Maria dem Kind einen Apfel (1487) oder Lucas Cranach der Ältere platziert die Madonna mit Kind unter den Apfelbaum (1530).

Äpfel waren aber auch bis weit ins 19. Jahrhundert der gebräuchlichste Weihnachtbaum-

Pyrus

Malus. ♄

Spir. opulifolia. ♄

Spiraea hypericifolia. ♄

Spir. crenata. ♄

schmuck – zusammen mit Nüssen, Papierrosen, Backwaren oder Oblaten, wie Adalbert Stifter (1805–1868) dies in »Weihnacht« so eindrucksvoll beschreibt: *Und auch die Türe aus der Stube der Waldhütte öffnet sich in die Kammer hinaus, und die Kinder gehen durch die Tür, und auf einem Baume mit mehreren Lichtlein hängen wunderbare goldene Nüsse und goldene Pflaumen und Äpfel und Birnen und Backwerk und anderes Liebes …* Da jedoch die Äpfel als Weihnachtsschmuck nicht sehr lange haltbar sind, wurden sie seit etwa 1880 durch Weihnachtsbaumkugeln ersetzt, nachdem es Glasmachern in Thüringen gelungen war, Kugeln aus Glas zu blasen und im Inneren zu versilbern.

Äpfel als Nikolausgabe finden sich durch alle Jahrhunderte und Länder bzw. Landstriche, in denen dieser als Gabenbringer fungierte – ob als »Hauptgeschenkelieferant« wie in Holland als Sinterklaas oder reduziert wie in Deutschland oder Österreich. Historisch gesicherte Angaben über Nikolaus von Myra, der vermutlich im 3. oder 4. Jahrhundert in der heutigen Türkei lebte, gibt es nicht. Seit dem 7. Jahrhundert ranken sich jedoch unzählige Legenden um sein Leben, von denen die, in der er drei Jungfrauen aus einer finanziellen Notlage mit dem Werfen dreier Goldklumpen durch das Fenster half, an dieser Stelle erwähnt sei, weil diese Goldklumpen zu Äpfeln umgedeutet wurden.

Ein regelrechter Kult entstand um den auch heute noch beliebtesten Heiligen, ebenso wie eine Vielzahl von Bräuchen. So gab es seit dem 13. Jahrhundert an Schulen Bischofsspiele, in denen er an seinem Ehrentag als »Kinderbischof« die Kinder ausfragte und beschenkte. Alternativ gab es den sogenannten »Einlegebrauch«, der auch von Martin Luther noch praktiziert wurde, nach dem heimlich Äpfel, Nüsse oder Süßigkeiten in Strümpfen oder Schuhen versteckt wurden. Oder der Nikolaus zog wie vielfach noch heutzutage am 6. Dezember bzw. am Vorabend dieses Tages von Haus zu Haus (»Einkehrbrauch«). Begleitet wurde er dabei von – je nach Landstrich unterschiedlichen –

Äpfel als Christbaumschmuck

Äpfel sind ein Baumschmuck, den wir heute zwar selten verwenden, der jedoch im Sinne dieser langen Tradition wiederbelebt werden könnte: Kleine Äpfel kann man direkt am Stiel aufhängen, bei größeren Äpfeln behilft man sich mit einem Drahthaken, der durch den Apfel geschoben wird, und auch Apfelscheiben (im Backofen bei etwa 100 °C auf einem Gitterdraht getrocknet) eignen sich als Baumbehang.

Vor allem rotbackige Apfelsorten eignen sich zur winterlichen Dekoration.

Apfel (KNORR, THESAURUS REI HERBARIAE, 1772)

Äpfel zur Dekoration
Äpfel eignen sich auch heute noch als günstige und wirkungsvolle Dekoration, die dem weihnachtlichen Grün Farbtupfer verleihen. Farbgebend sind vor allem rotbackige Sorten wie »Red Delicious«, Jonagold oder Hauxapfel. Sie besitzen einen hohen Gehalt an Anthocyanen, pflanzlichen Farbstoffen, die wegen ihrer antioxidativen Eigenschaften als besonders »gesund« gelten. Sehr dekorative kleine Äpfel, die man in Gestecke oder Kränze einarbeiten kann, liefert der auch in unseren Breiten als Zierstrauch oder -baum angepflanzte Japanische Apfel (*M. floribunda*).

Gestalten, die mehr oder weniger schrecklich angelegt waren, z.B. der Schwarzen Berta, dem Zwarten Piet, Hans Muff oder Knecht Ruprecht, wie er in dem wohl bekanntesten Nikolausgedicht von Theodor Storm (1817–1888) erscheint und Äpfel verteilt:

... »Hast denn das Säcklein auch bei Dir?«
Ich sprach: »Das Säcklein das ist hier;
Denn Äpfel, Nuss und Mandelkern
essen fromme Kinder gern. ...
AUS: »VON DRAUSS VOM WALDE KOMM' ICH HER«

In Bayern und Österreich war als Nikolausattribut der Klausenbaum gebräuchlich, ein pyramidisches Gestell aus mit Buchsbaum umwickelten Holzstäben, an dessen Spitzen Äpfel steckten (ein Vorläufer des Adventskranzes) und in dessen Mitte eine Nikolausfigur platziert wurde.

Die Äpfel wurden aber auch zum Bestandteil der Gaben des Christkindes, insbesondere nachdem Martin Luther (1483–1546) den katholischen heiligen Nikolaus, der die Geschenke brachte, durch das Christkind ersetzt hatte

und damit auch ein Teil der Nikolausbräuche auf das Weihnachtsfest überging.

Denkt Euch, ich habe das Christkind gesehen,
Es kam aus dem Walde das Mützchen voll Schnee,
Mit rotgefrorenem Näschen,
Die kleinen Hände taten ihm weh,
denn es trug einen Sack, der war gar schwer,
... was drin war, möchtet Ihr wissen?
... Zugebunden bis oben hin!
Doch war gewiss etwas Schönes drin!
Es roch so nach Äpfeln und Nüssen.
ANNA RITTER (1865–1921)

Bei so viel Kulturgeschichte um den Apfel in der Weihnachtszeit soll die Botanik nicht vergessen werden: Die zu der Familie der Rosengewächse gehörige Gattung *malus* umfasst etwa 50 verschieden Arten. Die Vorläufer unserer heute erhältlichen Kuluräpfel (*M. domestica*) entstanden vermutlich vor 20 Millionen Jahren in einem Gebiet zwischen dem Himalaya und dem Kaukasus. Der asiatische Wildapfel (*M. sieversii*) breitete sich nach Westen aus und traf dort auf den ebenfalls aus Asien eingewan-

51

Walnüsse (WEINMANN, EIGENT-
LICHE DARSTELLUNG, 1735)

derten, als Wildform seit der jüngeren Steinzeit
auch in Mitteleuropa bekannten Holzapfel
(*M. sylvestris*), als die Römer mit bereits ausge-
feilten Kenntnissen der Veredelung und Erhaltung neuer Kultursorten nach Germanien kamen.

Nach den verbindlichen Vorschriften Karls des
Großen zum Gartenbau, in denen der Apfelan-
bau eine besondere Rolle einnimmt, übernahmen viele Klöster das obstbaukundliche Erbe
der Römer und entwickelten es weiter, insbesondere im Hinblick auf ertragreichere Sorten.
Äpfel wurden dann ab dem 16. Jahrhundert ein
Wirtschaftsgut, welches in keinem Garten fehlte, und gehörten neben Produkten aus Getreide
und Milch, selten Fleisch, Zwiebeln und Birnen
zu den bevorzugten Speisen der ländlichen
Bevölkerung. Im Laufe der Jahrhunderte wurden Tausende von Sorten gezüchtet, seit etwa
100 Jahren professionell, von denen jeder Deutsche heute im Jahr durchschnittlich 17,2 Kilogramm verzehrt.

NÜSSE

Gott schenkt uns die Nüsse,
aber er knackt sie uns nicht auch noch.
RUSSISCHES SPRICHWORT

Auch die Nüsse, botanisch gesehen Schließ-
früchte, bei denen die verholzte Fruchtwand einen Samen umschließt, erscheinen wie die
Äpfel als unverzichtbarer Bestandteil der Ad-
vents- und Weihnachtszeit. Sie finden sich
selbstverständlich im Nikolaussack; seit Weihnachten gefeiert wird, gibt es zu Weihnachten
Nüsse (natürlich ist an dieser Stelle auch an die
Verwendung beim Backen zu denken), und
seit es Weihnachtsbäume gibt, hängen sie als
Schmuck am Baum: naturbelassen, in Ketten
oder auch vergoldet – in den Zeiten vor Erfindung des Goldsprays war das eine durchaus
mühsame Angelegenheit, musste man doch
Blattgold mit einem speziellen Öl auf die Nüsse kleben: *Am Abend nach dem Essen wurde der*
Schmuck für den Christbaum erzeugt. Auch das war

Vergoldete Nüsse sind traditioneller Weihnachtsbaumschmuck.

Nächste Doppelseite
Links: Traditionelle Weihnachtsgaben: Wal- und Haselnüsse.
Rechts: Haselnuss (FUCHS, NEW KREÜTERBUCH, 1543)

Basteln mit Nüssen
Nüsse eignen sich – abgesehen von ihren vielfältigen Einsatzmöglichkeiten in der Weihnachtsbäckerei – zu einer ganzen Reihe von Bastelarbeiten. Für einen Adventskalender kann man z.B. Walnüsse vorsichtig öffnen, den Kern entnehmen und dann kleine Zettel mit Sprüchen oder Gutscheinen in die Schalen stecken. Anschließend können die Nüsse, eventuell auch vergoldet, an ein Band geklebt werden. Oder man zaubert z.B. einen Deckenschmuck aus vergoldeten Nüssen und getrockneten Orangenscheiben.

ein unheilschwangeres Geschäft. Damals konnte man noch ein Buch echten Blattgoldes für ein paar Kreuzer beim Krämer kaufen. Aber nun galt es, Nüsse in Leimwasser zu tauchen und ein hauchdünnes Goldhäutchen herumzublasen. ... und dann geschah es plötzlich, dass jemand niesen musste. Im gleichen Augenblick segelte eine Wolke von glänzenden Schmetterlingen durch die Stube. AUS: »ADVENT« VON KARL HEINRICH WAGGERL (1897–1973)

Der Haselnuss-Strauch (*Corylus spp.*), der in Europa und der heutigen Türkei, die auch heute noch einen Hauptexporteur darstellt, beheimatet ist, wächst wild an Waldrändern und Feldhecken; in der Mittleren Steinzeit war er sogar das dominierende Gehölz in Mitteleuropa. Seit die Menschen sesshaft geworden waren, faszinierte er die Menschen, zumal die Früchte ohne Kosten und Aufwand verfügbar waren – es gab allerdings die Vorschrift, dass Fremde nur eine Handvoll Haselnüsse mitnehmen durften. Dagegen ist der Walnussbaum (*Juglans regia*) eine Kulturpflanze, die im ersten nachchristli-

chen Jahrhundert von den Römern in Mitteleuropa verbreitet wurde. Dieser ist frost- und kälteempfindlich und trägt erst nach zehn bis zwanzig Jahren – und das auch nicht in jedem Jahr gleich gut.

Die Beliebtheit der beiden Nusssorten rührt daher, dass es sich bei ihnen um äußerst lagerfähige Nahrungsmittel handelt. In der Weihnachtszeit werden die beiden Früchte unter dem Sammelnamen »Nuss« subsumiert, und die Symbolik der einen wurde häufig auf die andere übertragen. Gemeinsam ist ihnen die nahe liegende Sinnbildlichkeit für die Fruchtbarkeit. Darüber hinaus steht die Haselnuss als das im Jahr am frühesten blühende einheimische Gehölz für den Frühling und den glückhaften Beginn und somit im übertragenen Sinne auch für das Glück, sodass das Verschenken von Haselnüssen zu Weihnachten und Neujahr als Zeichen der Liebe – verbunden mit guten Wünschen – zu deuten war. In Italien, England und im Südwesten Deutschlands ist es Brauch, der Braut einen Korb mit Hasel- oder Walnüssen zu

398

überreichen oder das Brautpaar mit Nüssen zu bewerfen.

Zudem wurde dem Haselnussstrauch eine Unheil abwehrende Kraft zugeschrieben, die auch Gegenstand zahlreicher Legenden ist, die sich um das Christuskind ranken: In »Die Haselrute«, aufgeschrieben durch Jacob und Wilhelm Grimm, will Maria für das Jesuskind Erdbeeren pflücken. Sie wird dabei von einer Natter überrascht, findet Schutz in einem Haselstrauch und verleiht diesem aus Dankbarkeit eine Schutzwirkung gegen Schlangen. In der Legende »Vom Haselstrauch«, nacherzählt durch Walter Schmidkunz in »Christusmärchen« (1980) findet Maria auf der Flucht bei einem Gewitter Schutz unter einem Haselstrauch, dem sie eine Blitz abwehrende Wirkung verleiht – und tatsächlich schlagen Blitze nur äußerst selten in Haseln ein.

Die Walnussbäume, die nach ihrem vermehrten Anbau in Mitteleuropa den Haselnüssen den Rang abliefen, imponieren bereits durch ihren Wuchs, sodass bei den Bäumen selbst wie auch den Früchten besondere Kräfte vermutet wurden . Die auch als Christnüsse bezeichneten Früchte, die vor der Reife eine grüne Fruchthülle tragen, inspirierten zu Sinnbildern wie solchen für Christus (Passion, Kreuz, ewiges Leben), die Kirche (süße Tugend in hartem Kern) oder den Menschen (Fleisch, Knochen, Seele). Entsprechend kommt auch dem Nüsse-Knacken eine über den Vorgang als solches, der ja mit Nussknackern als Hilfsmittel bewerkstelligt werden will, hinausreichende geistige Dimension zu.

König Nussknacker so heiß ich.
Harte Nüsse die zerbeiß ich.
Süße Kerne schluck in fleißig
Doch die Schalen, ei die schmeiß ich
Lieber anderen hin.
Weil ich König bin.

AUS: »LIED DES NUSSKNACKERS« VON AUGUST HEINRICH HOFFMANN VON FALLERSLEBEN (1798–74)

In der Slowakei hat das Walnussknacken am Weihnachtsabend noch eine besondere Bedeutung: Nachdem man zunächst nach dem Essen Nüsse als Glücksbringer durch das ganze Zimmer geworfen hat, knackt man die Nüsse und versucht, durch das Begutachten der vier Nuss-Segmente herauszulesen, welches Glück oder Unglück im nächsten Jahr bevorsteht.

STROH

… Da liegt es, das Kindlein, auf Heu und auf Stroh
Maria und Josef betrachten es froh …
AUS: IHR KINDERLEIN KOMMET

Keine andere in der Weihnachtszeit verwendete Pflanze bzw. kein anderes pflanzliches Produkt hat eine so unmittelbare Beziehung zum Leben unserer Vorfahren wie das Stroh. Denn der Umgang mit dem Getreide, welches das Leben und den Jahreslauf der Menschen seit Jahrtausenden prägt und bestimmt – mit dem Bangen um das Keimen der Saat, der Freude über eine gelungene bzw. das Entsetzen über eine misslungene Ernte – wies dem Stroh auch eine besondere Bedeutung bei den Ernte- und Mittwinterfesten zu.

Feldfrüchte wie Emmer und Einkorn (*Triticum sp.*, ein Weizenvorläufer) sowie Gerste (*Hordeum vulgare*) wurden bereits vor 10.000 Jahren angebaut und waren in allen antiken Kulturen (Ägypter, Griechen, Römer) als Fruchtbarkeits- und Reichtumssymbol Teil einer wie auch immer ausgeprägten göttlichen Verehrung. Unzählige Male in der Bibel sowohl im Alten wie auch besonders im Neuen Testament in Gleichnissen angeführt, wurde das Getreide in der christli-

Aus Stroh lassen sich filigrane Gebilde herstellen, die an Schneekristalle erinnern.

Stroh für Strohsterne

Strohhalme kann man erst verarbeiten, nachdem man sie – der Länge nach aufgeschlitzt – eine halbe Stunde in warmem Wasser eingeweicht hat. Anschließend werden sie auf Zeitungspapier getrocknet, gebügelt und gegebenenfalls geteilt. Der Faden, den man zum Zusammenbinden verwendet, sollte in etwa dieselbe Farbe wie das Stroh haben oder z.B. die Weihnachtsfarbe Rot haben.

chen Religion vor allem in Zusammenhang mit dem Brot der Eucharistie zu einem zentralen Symbol von Christi Tod, Auferstehung und Gegenwart. Darauf weisen die zahlreich in der Kunst anzutreffenden Darstellungen eines auf Stroh oder Ähren gebetteten Gottessohnes (z.B. Peter Paul Rubens, Anbetung der Hirten, 1606) bzw. das Betten des Christkindes auf Stroh in den aufgestellten Krippen hin. Weitergehend wurden die Ähren auch zum Sinnbild und Attribut Marias. Künstler stellten sie daher als »Ährenkleidmadonna« (z.B. Hinrik Funhof, 1475–85) dar. Besonders vielfältig findet sich das Stroh in Weihnachtsbräuchen in Skandinavien, wo man beispielsweise am 24. Dezember Weihnachtsgarben für die Vögel aufstellt(e). Weit verbreitet (wie auch in Österreich und Böhmen!) war der Brauch des Schlafens im Julstroh: Im Weihnachtszimmer wurde auf der Erde Stroh ausgebreitet, auf welchem die ganze Familie die Weihnachtsnacht oder sogar die ganzen zwölf Raunächte verbrachte. Die Raunächte begannen am 21. Dezember, der längsten Nacht des Jahres, oder dem 24. Dezember. Germanischen Mythen zufolge stürmte in dieser Zeit die wilde Jagd, ein gespenstisches Heer von Toten, angeführt vom Gott Wotan, über den Himmel. Skandinavischen Ursprungs ist auch der Julbock, ein Ziegenbock aus Stroh, eigentlich zunächst ein mit einer Strohmaske verkleideter Mann, der in der Zeit der Raunächte in Erinnerung an die Ziegenböcke des Donnergottes Thor zum Schutz der Dorfeinwohner von Haus zu Haus zog oder auch am Gelage der Teilnehmer der Umzüge teilnahm. Er wurde später zu einem Gabenbringer umgedeutet. Heutzutage wurde er in Schweden – im Gegensatz zu Finnland – durch eine Art Zwerg, den Nisse, abgelöst und fungiert – auch bei uns – als reines Dekorationsobjekt.
Einen weiteren Brauch, der sich um das Weihnachts-Stroh dreht, kennt man in Litauen: Unter der Tischdecke verbirgt sich ein Büschel Stroh, welches als Orakel dient und den jungen Mädchen nach dem Ziehen eines Halmes vorhersagt, wie potentielle Bewerber aussehen werden oder ob sogar ein Kindersegen ins Haus steht.

57

Rezept für *Buche de Noël*:
Um einen solchen Kuchen herzustellen, backt man zunächst einen Biskuitteig aus 6 Eiern, 80 g Zucker, geriebener Zitronenschale, 3 Eiweiß, 20 g Speisestärke und 60 g Mehl, bestreicht diesen mit einer Schokoladenbuttercreme (zwei Drittel einer Masse aus 250 g Butter, 30 g Kakaopulver, 50 g geschmolzener Bitterschokolade, 2 Eiern, 3 Eigelb und 170 g Zucker), rollt die Biskuitplatte dann vorsichtig auf und verziert sie außen mit dem restlichen Drittel der Schokoladenbuttercreme.

Strohsterne, die sowohl käuflich erhältlich sind als sich auch in jedem Schwierigkeitsgrad selber anfertigen lassen, gehörten gar nicht – wie man vermuten sollte – zu dem gängigen Weihnachtsbaumschmuck vergangener Jahrhunderte (wie die Äpfel bzw. Kugeln, die Nüsse, die Süßigkeiten oder die Papierblumen). Zwar findet man sie seit dem 19. Jahrhundert z.B. in Ostpreußen an Weihnachtsbäumen, doch wurden sie erst in den 60er Jahren im Rahmen der »Zurück zur Natur«-Bewegung populär.

CHRISTBLOCK (HOLZSCHEIT)

Stürme denn, Winter, eisig und kalt!
An den Kamin herzaubert der Wald
Mit der Flammen Geknister,
Bis ich bei Frühlingssonnenschein
Wieder im goldgrünschimmernden Hain
Lausche dem Elfengeflüster.

AUS: »AM KAMIN« VON ADOLF FRIEDRICH VON SCHACK (1815–1894)

Während viele Menschen das Knistern im Kamin in der Winterszeit als besonders heimelig empfinden, ist der Brauch, in der Weihnachtsnacht ein besonders dickes Holzscheit oder einen Wurzelstock in den Kamin zu legen, bei uns heutzutage nahezu unbekannt. Er wird jedoch in vielen europäischen Ländern – England, Frankreich, Kroatien, Griechenland – als Weihnachtsbrauch gepflegt. Dabei handelt es sich um ein Relikt des bäuerlichen Lebens vergangener Jahrhunderte, wonach das Holzscheit, das über die Festtage brennt, nicht erlöschen darf und teilweise mit Wasser oder Wein begossen wird, übers Jahr bei Gewitter oder drohendem Unheil in den Kamin gelegt oder seine Asche auf den Feldern ausgestreut bzw. dem Vieh un-

ters Futter gemischt wird. Im nächsten Jahr wird mit einem Rest des Scheits wieder das nächste Holzscheit angezündet.

Der Brauch des Holzscheitverbrennens geht ursprünglich zurück auf germanische und keltische »hölzerne« Fruchtbarkeitszauber und Opferfeuer zur Wintersonnenwende. So wird dann der Christblock, der auch als Weihnachtsblock, Julblock oder Christbrand bezeichnet wird, erstmals erwähnt, als er durch Martin von Braga (um 515–580) in seinen Capitula, einer Sammlung für das praktische kirchliche Leben, und den aus Irland oder Frankreich stammenden Wandermönch Pirminius (um 670–753) verboten wurde. Davon ungerührt, übernahmen Menschen in ganz Europa diesen Brauch in das Weihnachtsgeschehen, und so schrieb der englische Dichter Robert Herrick (1591–1674):

Kommt bringet mit Jubel,
Ihr lust'gen, lust'gen Buben,
Den Weihnachtsblock an den Herd ...

Washington Irving (1783–1859) berichtet in »Gottfried Crayon's Skizzenbuch« (1819/20) von einer Reise durch England: *Der Rost war aus dem großen gewaltigen Kamin herausgenommen, um einem Holzfeuer Platz zu machen, in dessen Mitte ein ungeheurer Block (Yule log) glühte und flammte ... So lange er brannte, trank man und erzählte Geschichten.*

In Frankreich stellt der Weihnachtsklotz, der *Buche de Noël*, eine mit Schokoladenbuttercreme gefüllte Biskuitrolle in der Form eines Baumstammes (oft verziert mit Marzipanpilzen) das unverzichtbare Dessert des Weihnachtsessens dar – eine Sitte, die angeblich daher rührt, dass Konditoren diesen Kamin-Ersatz als Zentrum des familiären Weihnachtsgeschehens schufen, als Napoleon den Parisern befahl, die Kamine im Winter zum Schutz vor Kälte zu schließen.

Blüten als Winter- oder Weihnachtswunder

Blühende Blumen zu dem Zeitpunkt im Jahr, an dem es am dunkelsten und die Sehnsucht nach der Wiederkehr des Lebens im Frühjahr am größten ist, setzen auch ohne christlichen Kontext ein wundersames Zeichen, wie ein altes Tiroler Volkslied beschreibt:

Es blühen die Maien, bei kalter Winterszeit
ist alles im Freien auf unsrer Schäferweid'.
Ja alles blüht in schönster Pracht.
Die Erd' hat süßen Duft gebracht ....

Andererseits verstärken blühende Pflanzen aber auch das Wunder der Christnacht, in der auch Wasser zu Wein wird und Tiere reden können:

Christkind im Walde
Christkind kam in den Winterwald,
der Schnee war weiß, der Schnee war kalt,
doch als das heil'ge Kind erschien,
da fing's an, im Winterwald zu blüh'n.
ERNST VON WILDENBRUCH (1845–1909)

Und da die Menschen in früheren Zeiten mit der Natur viel mehr verbunden waren, als das heute der Fall ist, handelt es sich bei den Blütenwundern Barbarazweige, Christrose oder Rose um solche, die der natürlichen Umgebung der Menschen entstammen. Nur die Rose von Jericho ist sozusagen ein wundersames Souvenir der Kreuzritter und Pilger aus dem Heiligen Land.

BARBARAZWEIGE

Ich brach drei dürre Reiselein
Vom harten Haselstrauch
Und tat sie in ein Tonkrügelein
Warm war das Wasser auch.

Das war am Tag Sankt Barbara,
da ich die Reislein brach,
und als es nah an Weihnacht war,
da war das Wunder wach.

Da blühten bald zwei Zweigelein,
und in der heil'gen Nacht
brach auf das dritte Reiselein
und hat das Herz entfacht.

Ich brach drei dürre Reiselein
Vom harten Haselstrauch,
Gott lässt sie grünen und gedeihn
Wie unser Leben auch.

DEUTSCHES WEIHNACHTSLIED

Das Schneiden der Barbarazweige kennen wir zunächst als einen Barbara-Brauch (neben Barbarabrot, Barbaralicht und Barbaraweizen) zu Ehren der heiligen Barbara (236–305), der zum Christentum übergetretenen Tochter aus vornehmem Hause, die von ihrem heidnischen Vater aus Zorn über ihr christliches Bekenntnis getötet wurde. Der Namenstag dieser neben Nikolaus zweiten bedeutenden volkstümlichen Heiligengestalt der Adventszeit ist der 4. Dezember. Eine Legende stellt einen Zusammenhang zwischen Barbara und den Zweigen her: Auf dem Weg ins Gefängnis soll sich ein Kirschzweig in ihrem Gewand verfangen haben, der von ihr ins Wasser gestellt wurde und zu blühen begann. Mit dem Schneiden der knospigen Zweige – verwendet werden hauptsächlich Kirschzweige –

Blütenpracht im Winter
Um dem Blühen der Zweige »auf die Spur« zu helfen, täuscht man den Frühlingsbeginn vor und regt die Blütenbildung an, indem man die Zweige zunächst ein paar Stunden ins warme Wasser legt und dann in eine Vase stellt. Voraussetzung ist allerdings, dass es zu diesem Zeitpunkt schon gefroren hat. Sollte das nicht der Fall sein, ersetzt eine Nacht im Gefrierschrank die Winterruhe. Geeignet sind außer den bereits erwähnten Kirschen alle früh blühenden Gehölze.

verbindet sich die Hoffnung, dass diese zu Weihnachten blühen und etwas von der Kraft der Natur, die auf das Frühjahr hindeutet, mitten im Winter sichtbar werden lassen. Das Datum des Schnitts ist jedenfalls (sicher nicht zufällig) günstig gewählt, da in ständig geheizten Wohnzimmern Obstzweige mit Knospen ungefähr drei Wochen benötigen, bis sie blühen. Es war, wie z.B. in Schwaben bis 1850, durchaus auch üblich, Barbarazweige wie einen Weihnachtsbaum mit Äpfeln, Birnen, Nüssen und Springerle zu behängen.

Im Zusammenhang mit dem Barbarabrauch finden sich seit dem 15. Jahrhundert eine Vielzahl von Volksbräuchen, insbesondere solche, in denen den Zweigen eine Orakelfunktion zukommt. Beim Orakel geht es nicht um Abwehr oder Zauber, sondern nur darum, die Zukunft im Verborgenen aufzuspüren, um vorherzusehen und gegebenenfalls eingreifen zu können. Dabei gab es häufig Anweisungen, wann genau die Zweige zu schneiden seien: nur mittags zwischen 11 und 12 Uhr, bei Dunkelheit stillschweigend, vor Sonnenaufgang oder beim Vesperläuten (gegen 18 Uhr): Für jedes Familienmitglied wurde ein Zweig in die Vase gestellt – Zweige, die sich am besten entfalteten, versprachen das meiste Glück im neuen Jahr. Alternativ ordneten heiratswillige Mädchen jedem in Frage kommenden Verehrer einen Zweig zu und suchten so den besten aus. Vor allem aber wurde an dem Erblühen der Zweige abgelesen, ob die Ernte im neuen Jahr gut verlaufen würde.

Und tatsächlich kann ein geübter Obstbauer recht gut abschätzen, in welche Richtung sich eine Knospe entwickeln wird. Gut entwickelte Seitenknospen sowie in der Regel alle endständigen Knospen bringen meistens einen Blütenstand hervor, schwache Knospen bilden hingegen nur Blattanlagen oder verkümmern ganz. Auf den Fruchtertrag kann man anhand der Knospen jedoch nur bedingt schließen, da unter guten Blühbedingungen nur etwa fünf Prozent der Kernobstblüten Früchte ansetzen müssen, um einen Vollertrag zu erzielen. Es bedarf schon sehr ungünstiger Bedingungen (z.B. Kälteperioden zur Blüte oder Spätfröste), dass dieser Wert unterschritten wird.

CHRISTROSE

... Doch kindlich zierst du, um die Weihnachtszeit, Lichtgrün mit einem Hauch dein weißes Kleid.
AUS: DIE CHRISTBLUME VON EDUARD MÖRIKE (1804-1875)

Während die Barbarazweige zu Weihnachten nur blühen, wenn man sie ins Haus holt, und die weihnachtliche Blüte der Rosen eher symbolisch aufzufassen ist, bietet die Christrose (synonym: Christblume, Weihnachtsblume, Weihnachtsrose, Schneerose) seit Jahrhunderten in mitteleuropäischen Gärten ein einzigartiges, konkurrenzloses Blütenwunder-Schauspiel, zudem noch in einer reinweißen Farbe mit wunderschönen Blüten (eigentlich sind es Kelchblätter), sodass es nicht verwunderlich ist, dass diese Pflanze in vergangener Zeit regelrecht verehrt wurde. Die in den Alpen beheimatete Pflanze, die in Höhen von bis zu 1900 Metern vorkommt und somit an Kälte angepasst ist, gelangte bereits im 12. Jahrhundert in Mitteleuropa in die Gärten.

Dort diente sie nicht nur als Zierpflanze, denn bereits die Griechen und Römer hatten die Heilkraft der Christrose (*Helleborus niger*) entdeckt und therapierten Wahnsinn und Epilepsie mit einem Pulver, das aus dem charakteristisch schwarzen (lat. *niger*, »schwarz«) Wurzelstock (Rhizom) gewonnen wurde. Das Pulver löst ein Niesen aus (daher auch der bei uns gebräuchliche Name Nieswurz) und war somit prädestiniert, die nach der antiken Säftelehre durch einen Überschuss an schwarzer Galle hervorgerufenen psychischen Erkrankungen zu therapieren. Spaßeshalber sagte man in Rom über jemanden, der ein wenig verrückt war: *Helleboro opus habet* (»Er braucht Helleborus«).

Erwähnt in nahezu allen frühen Kräuter- bzw. naturkundlichen Büchern (u.a. denen von Theophrast, Plinius, Hildegard von Bingen, Paracelsus, Hieronymus Bock und Otto Brunfels), gelangte Helleborus als hochwirksame Arznei auch in unseren neuzeitlichen Arzneischatz, nämlich als herzstärkendes und harntreibendes Mittel sowie als Abführmittel. Gebräuchlich blieb die Verwendung als Niespulver, auch in Schnupftabakmischungen. Allerdings stellten sich die Pflanzenextrakte der Christrose als sehr giftig heraus, sodass sie langsam wieder aus den Arzneibüchern verschwand.

Über die konkrete Anwendung als Arzneimittel hinaus blieb das Wundersame der Pflanze im Bewusstsein der Menschen über viele Jahrhunderte erhalten: Im ländlichen Raum fungierte sie als Orakelpflanze: Es bedeutete nämlich ein fruchtbares Jahr, wenn die Weihnachtsblume an Weihnachten blüht (häufig blüht sie erst im Januar und dann bis März). Oder man schnitt zwölf Stängel ab – für jeden Monat einen – und lies sich damit die Wetterbedingungen vorhersagen. Auch die Dichter waren angeregt, das Wunder in Worte zu fassen; Von den vielen Gedichten und Erzählungen sei besonders Selma Lagerlöfs (1858-1940) »Die Legende von der Christrose« erwähnt, in welcher der Abt Johannes, der zusammen mit seinem Gärtner einen Garten mit den schönsten Blumen pflegt, von einer Räuberfrau eingeladen wird, in der Christnacht ihren angeblich noch schöneren Garten zu besuchen. Er macht sich mit dem Gärtner auf den Weg und wird Zeuge eines Weihnachtswunders: des Erwachens der Natur. Er stirbt allerdings an Ort und

Christrosen – hier z.B. mit Tannenzapfen dekorativ umwickelt – sind ein beliebtes Geschenk der Weihnachtszeit.

Stelle, kann jedoch noch eine Blume in seine Hand nehmen. Diese Blume pflanzt der Gärtner zurück im Kloster in den Garten, und sie erblüht zum nächsten Weihnachtsfest.

WEIHNACHTSROSEN

Des Sommers letzte Rose
Blüht hier noch, einsam, rot –
All ihr schönen Schwestern
Sind schon verwelkt und tot
Nicht Freunde stehen bei ihr,
kein junger Rosenstrauch
zu frohem Widerglühen,
zu tauschen Hauch um Hauch.

AUS: »DES SOMMERS LETZTE ROSE«
VON THOMAS MOORE (1759–1852)

In unseren Breiten gibt es heutzutage aufgrund der Züchtung von länger und mehrmals blühenden Rosen tatsächlich Rosen, die im Garten noch im Dezember Blüten zeigen: die Sorten Stanwell Perpetual, Mary Rose oder Rosa viridiflora, um nur einige zu nennen. Häufig bleiben Knospen an Rosenpflanzen stehen und bieten – je nach Witterung auch gefrostet – ein bezauberndes Bild: der Zeit entrückt, melancholisch stimmend, die Vergangenheit in der Gegenwart verkörpernd. Doch wenn man von Weihnachtsrosen spricht, dann sind zumeist keine realen Blumen gemeint – vielmehr bewegt man sich im Reich des Wunderbaren, Unglaublichen und Unfassbaren, zumal die Rosen in den Jahrhunderten vor dem Einsetzen einer intensiven Rosenzucht, also vor dem späten 18. Jahrhundert, nur einmal blühten. Vom Wunder der Weihnachtsrose zeugen eine Fülle von fiktiven Erzählungen, wie eine Sage aus dem Harz, die in der Weihnachtszeit spielt und von einer jungen Schäferstochter erzählt, die der grausame Graf von Siptenfelde zur Frau begehrte. Als ihr Vater sie nicht hergeben wollte, erschlug ihn der Graf. Als einzige Möglichkeit, eine Hochzeit zu verhindern, gab er dem Mädchen den schier unmöglichen Auftrag, mit einem Rosenstrauß zu ihm zu kommen. Das

Christrosen im Garten
Durch Züchtungen und Kreuzungen mit anderen Helleborus-Arten gibt es heutzutage eine Vielzahl von Blütenformen und -farben. Für den »Hausgebrauch« empfiehlt es sich, die Pflanze im Topf nachts an einen kühlen Ort zu stellen und sie im späten Frühjahr dann mit einer Kalkgabe in den lichten Schatten zu pflanzen. Es kann durchaus Jahre dauern, bis sie dort blüht, aber dann kann sie bis zu 25 Jahre alt werden.

Rote Rosen und Tannengrün gehen eine stimmungsvolle Kombination ein.

Nächste Doppelseite
Links: Neben den Rosen selbst lassen sich auch ihre Früchte, die Hagebutten, wunderbar für winterliche Dekorationen nutzen.
Rechts: Rote Rosen schmücken diesen prachtvollen Christbaumschmuck.

Rosen in der Weihnachtsdekoration

Auch wenn die Rose als Weihnachtspflanze eher sinnbildlich aufzufassen ist, bietet es sich dennoch an, die Pflanzen konkret als Teil der Weihnachtsdekoration zu verwenden: Ein Strauß roter Rosen mit Tannenzweigen auf einer blauen Decke oder auch rote (langsam trocknende) Rosen, mit einem blauen Samtband am Tannenbaum befestigt, verbreiten eine sehr festliche Stimmung. Ebenso dekorativ ist die Kombination der roten Rosen-Früchte, der Hagebutten, mit grünen Tannenzweigen im Rahmen eines rot-grünen Farbkonzepts.

Mädchen weinte in ihrem Kummer auf dem Grab des Vaters und weiße Rosen sprossen aus der Erde. Damit war sie gerettet.

Kulturgeschichtlich fraglos weitaus bedeutender – insbesondere in diesem Kontext – ist die Symbolhaftigkeit der Rose für Maria. Die Rose, die schönste, edelste aller Blumen, sozusagen ihre Königin – ein Symbol für Vollkommenheit, Schönheit, Liebe, Ewige Weisheit, die Frau an sich, Lebensfreude und Anmut und ein Attribut aller Liebesgöttinnen, aller Märtyrer sowie von neun christlichen Heiligen – ist *die* Marienblume schlechthin. Bereits im 5. Jahrhundert findet sich bei dem spätantiken Dichter Sedulius die Rose als Sinnbild Mariens, zunächst allerdings in einem Kontext, der über das bisher angeführte hinausgeht: Maria als die Rose ohne Dornen, als die einzige von der Erbsünde Verschonte, gleichzusetzen mit den Rosen, die einst dornenfrei im Paradies blühten. Dagegen stehen die Dornen in dem bekannten Weihnachtslied »Maria durch ein' Dornwald ging«, welches vermutlich erstmals im Andernacher Gesangbuch von 1608 zu finden ist, als eigenständiges Symbol für alles Unfruchtbare oder Lebensfeindliche.

Maria durch ein' Dornwald ging.
Kyrieleison!
Maria durch ein' Dornwald ging,
Der hatte in sieben Jahren kein Laub getragen!
Jesus und Maria.
Was trug Maria unter ihrem Herzen?
Kyrieleison!
Ein kleines Kindlein ohne Schmerzen,
Das trug Maria unter ihrem Herzen!
Jesus und Maria.
Da hab'n die Dornen Rosen getragen.
Kyrieleison!
Als das Kindlein durch den Wald getragen,
Da haben die Dornen Rosen getragen!
Jesus und Maria.

Das Blühen der Dornen ist ebenfalls in die Rubrik »Weihnachtsblütenwunder« einzuordnen. Nebenbei bemerkt tragen die Rosen keine Dornen, sondern Stacheln (zum Unterschied siehe Christusdorn).

Im ausgehenden Mittelalter traten die vielen tugendhaften Eigenschaften Marias in den Vordergrund, und das Motiv »Maria im Rosenhag« wurde eines der beliebtesten Motive der Künstler des 15. Jahrhunderts: Stefan Lochners Muttergottes in der Rosenlaube von 1450, die Madonna in den Erdbeeren von 1425, erschaffen vom Meister des Paradiesgärtleins, und Martin Schongauers Maria im Rosenhag (1473) sind drei eindrucksvolle Beispiele. Rote und weiße üppig blühende Rosensträucher umrahmen neben Engeln eine jeweils wunderschöne Maria mit Kind im typischerweise blauen, bei Schongauer roten Gewand. Auf allen drei Bildern sind aber neben den reich blühenden Rosen weitere Pflanzen abgebildet, die ebenfalls als Marienpflanzen gelten: Lilie, Veilchen, Gänseblümchen, Erdbeere, Akelei, Märzenbecher oder/und Maiglöckchen.

Nicht unerwähnt bleiben soll auch eines der bekanntesten deutschen Weihnachtslieder, in dem die Rose eine herausgehobene Position hat bzw. zu haben scheint, nämlich »Es ist ein Ros' entsprungen«, dessen erste Fassung sich in einer Trierer Handschrift von 1588 findet: Mit der Rose ist allerdings ein »Reis« gemeint – nach Jesaja 11,1–2: Aus der Wurzel Isais wird ein Reis (*virga*) hervorgehen, und eine Blume wird aus dieser Wurzel sprießen, welche einerseits als Maria (lat. *virgo*, »Jungfrau«) und andererseits als Jesus gedeutet wird.

ROSE VON JERICHO

... Selbst tausend Jahre alte (Jericho-)Rosen erwachen in der heiligen Nacht aufs neue. Und die Leute lassen sich von ihr die Zukunft künden und eine lachende Blüte zeigt ein gutes Jahr und Glück und Wohlsein an. ...

AUS: WALTER SCHMIDKUNZ: CHRISTUSMÄRCHEN

Um es gleich vorwegzunehmen: Eine echte Rose von Jericho (*Anastatica hierochuntica*) ist heutzutage kaum erhältlich. Sie ist vielleicht zu bestaunen in Sammlungen Botanischer Gärten oder

Wann es noch jung ist/vergleichet es sich mit Stengel vnd Blettern dem Wisenklee/ vnd werden die Bletter je lenger je spitziger/ bringt seine Schötlin herumb gebogen wie Hörnlin/darinn der Samen wie Linsen.

Der Samen gedörret / wirdt seiner liebs lichheyt halben / vnderm Salz gebraucht.

Das grün Kraut wirdt nützlich gebrau chet/wo etwas zukülen ist/darüber gelegt.

Rosen von Hiericho/Rosa Hierichuntis. Cap. cccxix.

DAs frembd gewächß/ so man nennet Rosen von Hiericho/ Vulgò Rosa Hierichuntis, Rosa S. Mariæ, vnd Rosa Hierosolymitana, Hat viel streits / dann es bey vielen für das Amomum gehalten wirdt. Es ist ein hart holzecht zinckecht stäudlin/wolrie chend/ goltgeelfarb/mit traubelechten Körnern.

¶ Krafft vnd wirckung.

Amomum hat die Natur zutrücknen/zuwärmen/vnd zusammen zuziehen. Gesotten vnd getruncken / bekompts wol den Wassersüchtigen. Auff die Stirn geschmiert/ bringts den Schlaaff/vnd vertreibet Hauptweh. Ist nütz zur entzündung der Augen / vnd anderer Glieder.

Ein Mutterzäpflin daruon gemacht/ oder gesotten/ vnd darüber gesessen/stillets die Frauwen Kranckheit.

Linsen

in Klöstern, und es handelt sich bei der nicht blühenden Pflanze auch nicht um eine Rose, sondern um einen etwa zwanzig Zentimeter großen Kreuzblütler, der mit dem Senf verwandt ist und in den Wüstenregionen des nördlichen Afrika, Israels und des Iran vorkommt. Bei großer Trockenheit oder bei Absterben rollt sich die einjährige Pflanze nach dem Abfallen der Blätter zu einem kugelartigen Gebilde zusammen, um die Samen zu schützen. Wird das Knäuel dann aber befeuchtet, strecken sich die Äste wieder, und die tote Pflanze scheint sich neu zu beleben. Dieser rein physikalische Mechanismus ist auch nach Hunderten von Jahren noch intakt – man fand Jerichorosen in frühchristlichen Gräbern aus dem 4. Jahrhundert und konnte sie »zum Leben erwecken«. Die häufig zitierte Vorstellung aber, dass die Trockenpflanzen als »Bodenroller« oder »Steppenhexen« vom Wind fortgerollt würden, um die Samen zu verbreiten, ließ sich bei botanischen Untersuchungen nicht bestätigen.

Auch die angebliche Benennung der Pflanze nach der Bibelstelle im Buch Sirah 24,14 (*und eine Rose gepflanzt in Jericho*) scheint falsch zu sein und sich auf ein Asterngewächs zu beziehen. An Symbolik – Leben, Auferstehung (lat./gr. *anastasis*, »Auferstehung«) – jedoch kaum zu überbieten, entzückte die Jerichorose die Kreuzfahrer und Pilger im Heiligen Land, die sie zahlreich mit nach Europa brachten und damit handelten. Mit dieser wundersamen Pflanze wurden Legenden verbunden, die vor allem die Flucht aus Ägypten betreffen, auf der sie entweder aus den Fußabdrücken der Heiligen Familie oder als Lohn für Marias Furcht und Entbehrungen entsprungen sei. Besondere Eigenschaften wurden ihr zugeschrieben: In Apotheken wurde sie im 16. und 17. Jahrhundert als geburtsförderndes Mittel angeboten (heute sind Rose-von-Jericho-Extrakte Bestandteil

von Hautpflegeprodukten). Vor allem aber war sie ein Familienschatz, der zu Weihnachten und zu Ostern im wahrsten Sinne des Wortes »geöffnet« wurde, auch im Sinne eines Orakels: Öffnete sich die Rose bis zum nächsten Morgen, stand ein gutes Jahr bevor.

Heutzutage ist stattdessen ein mittelamerikanisches »Ausweichprodukt« zu erwerben: ein knäuelförmiger Farn namens *Selaginella lepidophylla*, ein Bärlappgewächs, dessen Aussehen und Effekt der echten Jerichorose sehr ähnelt.

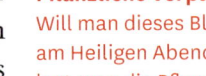

Oben: Geschlossen sieht die sogenannte Rose von Jericho wenig dekorativ aus.

Unten: Wenn man die Rose von Jericho in Wasser legt, so öffnet sich die Pflanze. Bei der richtigen Pflege lässt sich der Effekt beliebig wiederholen.

Dekorative Blütenpflanzen in der Weihnachtszeit

Ein bisschen Magie und Weihnachtswunder ist auch dabei, wenn mitten im Winter Blüten ungeheurer Farbintensität ihre Energie versprühen. Doch bei Ausführungen zu den nachfolgenden Pflanzen steht das funktionale, dekorative und auch exotische Element im Mittelpunkt.

Diese Zimmerpflanzen haben einen weiten Weg hinter sich: Der Weihnachtsstern kommt aus Mexiko, der Christusdorn aus Madagaskar, der Weihnachtskaktus aus Südamerika, das Alpenveilchen aus Vorderasien und die Azalee aus China. Sie alle sind das Resultat einer botanischen Leidenschaft, welche im 18. und 19. Jahrhundert nicht nur Fachleute, sondern – nachdem das Botanisieren zum guten Ton gehörte – auch Hobbybotaniker ergriff. Sowohl der Weihnachtsstern als auch der Christusdorn waren von eigentlich als Diplomaten entsandten Männern »entdeckt« worden, während der Weihnachtskaktus und die Azalee das Resultat der Sammelleidenschaft jener Gruppe von Naturkundlern oder Botanikern waren, welche man als »Pflanzenjäger« bezeichnete. Diese wurden aus Europa entsandt oder organisierten selbst Reisen, um Pflanzen in den entlegensten Gebieten aufzuspüren und in ihre Heimatländer zu transportieren, wo sie zunächst den Botanischen Gärten, dann aber auch den Privatgärten, Wintergärten oder Fensterbänken zu exotischer Pracht verhalfen und von den Botanikern vor Ort in das große System der Natur eingeordnet wurden.

WEIHNACHTSSTERN

... Ein Raunen ging durch die Kirche. Man begann zu flüstern. »Schaut! Schaut auf die Pflanzen« Lucida öffnete ihre Augen und schaute. Aus jeder Pflanze spross ein flammender roter Stern. Die Krippe erstrahlte als ob sie von Hunderten Kerzen erleuchtet wurde. ...

NACH EINER MEXIKANISCHEN LEGENDE, ERZÄHLT VON TOMIE DE PAOLA

Der Weihnachtsstern, der heutzutage fast unverzichtbar im Adventsgeschehen zu sein scheint, nimmt eine Zwischenstellung zwischen Blütenwunder (in Mexiko und Spanien) und reinem Dekorationsobjekt (in unseren Breiten) ein.

1828 entdeckte der Hobbygärtner Joel Roberts Poinsett, der erste US-Botschafter der Republik Mexiko, in der Nähe der Stadt Taxco im Südosten des Landes um die Weihnachtszeit bis vier Meter hohe Sträucher mit einer ungeheuren Farbwirkung, von denen er Ableger in seine heimatlichen Gewächshäuser nach South Carolina sandte. Von dort schickte er die »Pflanze mit den angemalten Blättern«, wie er sie nannte, an Freunde und Gärtnereien. So wurde auch der amerikanische Historiker William Prescott (1796–1859), der zu dieser Zeit ein umfangreiches Werk über die Eroberung Mexikos verfasste, auf den »vermeintlichen« Entdecker der Pflanze aufmerksam und benannte sie in der Folge »Poinsettia«.

Zu diesem Zeitpunkt hatte diese Pflanze allerdings schon eine andere »Karriere« hinter sich: Die Azteken, deren Reich in Mexiko zwischen dem 14. und 16. Jahrhundert existierte und die durch eine sehr entwickelte Kultur und Religion von sich reden machten, verehrten diese Pflanze, die sie *Cuetlaxochithl* (»Blumenstern«)

nannten und die in Mexiko (wie überhaupt in den tropischen Laubwäldern Mittel- und Südamerikas) vorkommt. Sie nutzten sie als Farbstofflieferant und Fiebermittel.

Zudem bot sie den Stoff für Legenden: Die eine ist eine unerfüllte Liebesgeschichte zwischen einem Krieger und einer aztekischen Prinzessin, die nach ihrem Tod durch die Blumengöttin in die Poinsettia verwandelt wird. Eine andere Legende beschreibt eine Begebenheit aus vorazekischer Zeit, als jugendliche Tolteken den Tempel ihres Gottes verteidigen mussten, sich Federn zur Tarnung umgehängt hatten, welche durch den Gott in Flammen verwandelt wurden. Unscheinbare grüne Pflanzen, die an dieser Stelle wuchsen, nahmen nach dem Sieg der tapferen jungen Männern als Anerkennung eine rote Farbe an.

Franziskanermönche, die in einem Kloster nahe der bereits oben erwähnten Stadt Taxco siedelten, übernahmen die Weihnachtssterne in ihr Ritual, die Krippe zu schmücken. Vermischt mit Volkserzählungen entstand die bereits eingangs erwähnte Legende von dem kleinen Mädchen, welches traurig mit leeren Händen vor dem Jesuskind in der Krippe steht und auf Geheiß eines Engels einen Arm voll grüner Pflanzen vor die Krippe legt. Aus diesen erblühen in der Weihnachtsnacht rote Sterne. Daraus resultiert der Weihnachtsbrauch in Spanien und großen Teilen Südamerikas, die Krippe, die in diesen Ländern *das* Weihnachtsaccessoire darstellt, mit Weihnachtssternen zu schmücken.

Aber Poinsettia war noch ein weiteres Objekt geworden: das der Botaniker. Alexander von Humboldt (1769–1859) sammelte die Pflanze – als eine von Hunderten – auf seiner Amerikareise, während der er 1804 fast ein Jahr in Mexiko weilte, und brachte sie 1811 nach Paris, wo der Apotheker und Naturforscher Carl Ludwig

Willdenow (1765–1812) das Pflanzenmaterial in Empfang nahm, katalogisierte und ein Herbarium mit über 10.000 Exemplaren anlegte. Darunter war eben auch der Weihnachtsstern, den er *Euphorbia pulcherrima* (»die Schönste«) nannte. Zurück in Berlin, wo Willdenow als Direktor des Botanischen Gartens fungierte, kam er nicht mehr dazu, die Pflanze ausführlich zu untersuchen, da er im Jahr darauf starb. Dies geschah dann erst 1834 durch Johann Friedrich Klotzsch (1805–1860), den damaligen Kustos des Botanischen Museums Berlin. Der Weihnachtsstern gehört also zur Familie der Wolfsmilchgewächse (*Euphorbiacea*). Was wie Blüten aussieht, sind Hochblätter (Brakteen), die zum Anlocken von Insekten dienen, wogegen die eigentlichen Blüten grün-gelblich, klein und ganz unscheinbar sind.

Zurück zu den Amerikanern: Richtigen Aufwind bekam die Verbreitung der Poinsettia, als der Sohn eines Immigranten aus Deutschland, der Gärtner Paul Ecke (1895–1991), auf die zu Weihnachten blühende Pflanze aufmerksam wurde, nachdem er ein größeres, rot gefärbtes Feld entdeckt hatte. Er bemühte sich seit 1920 zunächst darum, Pflanzen zu produzieren, die ein paar Wochen »leuchteten«, sowie solche, die stark verzweigt waren. Zunächst pries er sie als Schnittblumen an (sie halten als solche etwa zwei Wochen). Später stattete er ganze Fernsehshows aus und bewirkte, dass ein regelrechter Poinsettia-Boom ausbrach, der zunächst die ganzen USA, seit den 60er Jahren auch Europa überschwemmte, und so die Pflanze mit ungeheurer Geschwindigkeit ihren Platz in der Adventsdekoration fand. In den USA gibt es seit geraumer Zeit sogar einen Poinsettia Day, den 12. Dezember, der den Todestag von Joel Roberts Poinsett markiert und in der Art des Begehens dem Valentinstag ähnelt.

Rote Sterne im Advent
Bei der Pflege des Weihnachtssterns, den es mittlerweile in unzähligen Farben von Weiß über Rosa bis Tiefrot sowie als Pyramiden und Hochstämme gibt, sollte man bedenken, dass er in tropischen Wäldern zu Hause ist: Er verträgt zu viel Wasser schlechter als zu wenig und braucht relativ viel Licht. Die »Entsorgung« nach den Feiertagen ist nicht unbedingt nötig, da er den Sommer problemlos im Freien verbringen kann. Im Herbst unterzieht man ihn dann einer Kurztagbehandlung (denn das ist das Geheimnis der Rotfärbung der Blätter), indem man acht Wochen lang künstlich Tage mit weniger als acht Helligkeitsstunden schafft – so sollte es gelingen, pünktlich zur Adventszeit wieder rote Sterne leuchten zu lassen. Beim Kauf sollten die Blüten ganz intakt sein und gut aussehen.

CHRISTUSDORN

'S wird, Blumen sprechen zu lassen,
Bei mancher Gelegenheit passen. ...
EUGEN ROTH (1895-1976)

Wie der Weihnachtsstern gehört auch der Christusdorn zu den Wolfsmilchgewächsen. Baron Pierre Bernhard Milius (1773-1829), ein naturkundlich interessierter Gouverneur der Insel Bourbon (heute La Réunion), hatte die Pflanze 1821 entdeckt und an den Botanischen Garten in Bordeaux gesandt. Fünf Jahre später beschrieb dessen Direktor Charles Robert Alexandre Des Moulins (1798-1975) die Art erstmals und benannte sie nach ihrem Entdecker *Euphorbia milii*.

Fälschlicherweise wurde die Pflanze ihrer Dornen wegen, die im Übrigen bei den modernen Züchtungen immer mehr in den Hintergrund treten, immer wieder als Bibelpflanze eingeordnet, da die Dornen symbolhaft an die Dornenkrone und die Passion Christi erinnern.

Dornen sind im Gegensatz zu Stacheln, welche Bildungen der obersten Hautschicht darstellen, harte, spitze Blätter oder Sprosse, die auch typisch für die Familie der Wolfsmilchgewächse sind. Somit würde die Pflanze von ihrer Symbolik her eigentlich besser in die Osterzeit passen, doch blüht sie üblicherweise von November bis April.

Zusätzlich verstärken die beiden roten »Blüten« (weihnachtliche Farben Rot und Grün!), die wie beim Weihnachtsstern Hochblätter um die winzigen Blüten sind, mit der Analogie des Blutes Christi das Symbolhafte der Pflanze für Jesus; allerdings sind Legenden wie die, nach der die Blätter ihre rote Farbe erhalten haben, als Jesu Blut auf einen unscheinbaren Dornenbusch tropfte, insofern nicht stimmig, als die Pflanze ausschließlich in Madagaskar wächst (heutzutage gibt es allerdings auch Kulturen in Kalifornien und Thailand), wo sie Sträucher mit bis zu zwei Metern Höhe bildet. Bei uns stellt sie die ideale Zimmerpflanze dar, weil sie vollkommen unkompliziert zu pflegen ist und mit der

trockenen Heizungsluft gut zurechtkommt –
nur einen sonnigen Platz sollte sie haben.

WEIHNACHTSKAKTUS

Weit und schön ist die Welt,
doch o wie dank ich dem Himmel ...
Bringet mich wieder nach Hause!
Was hat ein Gärtner zu reisen?
Ehre bringt's ihm und Glück,
wenn er sein Gärtchen versorgt.
JOHANN WOLFGANG VON GOETHE (1749-1832)

Unter einem Kaktus stellt man sich ja eigentlich eine Pflanze mit zu Dornen umgewandel-
ten Blättern vor. Und doch ist der Weihnachtskaktus ein ganz typischer Kaktus: Was wie
Blätter aussieht, sind blattartig abgeflachte
Sprossglieder, eigentlich Stängel, an deren
Ende auffallende Blüten aus kakteentypischen
Areolen, stark reduzierten Kurztrieben mit
kleinen Borsten, gebildet werden. Und wie alle
Kakteen sind Weihnachtskakteen Xerophy-
then, das heißt, sie sind der Trockenheit angepasst, können Wasser speichern und Feuchtig-
keitsverluste eindämmen.
Aus den subtropischen Regenwäldern Brasili-
ens kamen die Weihnachtskakteen im 19. Jahrhundert nach Europa. Sie wachsen in den Astga-
beln anderer Urwaldpflanzen und ernähren sich
dort von einem äußerst mageren Humusan-
gebot. Ihre farbigen Blüten zeigen sie im Spät-
herbst der Südhalbkugel, also eigentlich bei uns
im Frühjahr. Durch eine ab Ende September für
sechs Wochen durchgeführte Kurztagbehandlung, an deren Ende die Knospenbildung erfolgt,
können die Gärtner jedoch die Blütezeit ver-
schieben, sodass die Pflanze als Weihnachtskaktus erblühen kann.

Blütenzauber für zu Hause
Möchte man das weihnachtliche
Blüten-Erlebnis des Weih-
nachtskaktus im nächsten Jahr
zu Hause wiederholen, so stellt
man ab September das Gießen
ein und bringt die Pflanze an
einen kühlen Ort; sobald die
Knospenbildung begonnen hat,
kann man sie wieder umstellen
und gießen. Dann sollte allerdings der Standort nicht mehr
verändert werden. Häufig erfreut die Pflanze sogar mit einer
zweiten Blüte Ende April.

Linke Seite
Die Weihnachtsfarben Rot und
Grün und die winterliche Blütezeit
machen den Christusdorn zu einer
beliebten Weihnachtsplanze.

Nächste Doppelseite
Mit seinen bunten Blüten erfreut
der Weihnachtskaktus in der blü-
tenarmen Weihnachtszeit.

Die botanische Benennung der Pflanzen erfolgte 1858 durch den französischen Schriftsteller
und Botaniker Charles Antoine Lemaire (1800-
1871), der sie *Schlumbergera* nannte – zu Ehren
Frédéric Schlumbergers (1823-1898), eines französischen Amateurbotanikers, der auf seinem
Schloss in der Nähe von Rouen eine der umfang-
reichsten Kakteensammlungen und -züchtungen
seiner Zeit besaß. Ursprünglich war sie zur Gattung *Epiphyllum* gerechnet worden, sodass man
diese Bezeichnung heute gelegentlich noch synonym findet. Die Gattung *Schlumbergera* umfasst
sechs Arten, wobei eine Kreuzung aus *S. truncta-
taus* und *S. bridgesii*, als *S. Buckleyi* oder *Zygocactus*
bezeichnet, die wirtschaftlich größte Bedeutung
hat. Durch diese und viele andere Züchtungsver-
suche entstanden über 1500 verschiedene Sorten
in vielen Farben: von Violett, über Rot, Lachsfar-
ben, Gelb bis Weiß. Die Blüten werden bis zu sieben Zentimeter lang und sind – für Kakteen ganz
ungewöhnlich – zweiseitig symmetrisch.

ALPENVEILCHEN

Die Blume, die ich mir am Fenster hege
Verwahrt vorm Froste in der grauen Scherbe ...
STEFAN GEORGE (1868-1933)

Eine der in der Winterzeit beliebtesten Zimmerpflanzen ist das Alpenveilchen (*Cyclamen*)
mit einer Blühzeit vom Spätsommer bis zum
April. Aufgrund ihrer Blütezeit passen sie her-
vorragend in die Weihnachtszeit, wo sie mit ihren farbenprächtigen Blüten die Fensterbänke
und Tische schmücken. Zwar gibt es durchaus
einheimische, in den Alpen wachsende Arten
(z.B. *Cyclamen pupurascens*), doch leiten sich
die bei uns gebräuchlichen Exemplare von *Cyclamen persicum* ab, die nicht – wie der Name
vermuten lässt – in Persien (*persicum* steht für

77

»pfirsichfarben«), sondern vor allem in den Höhenlagen des östlichen Mittelmeeres, insbesondere in der Türkei und Palästina, beheimatet sind. Sie wachsen im lichten Schatten und haben ihre Vegetationsphase im Winter, wenn es nicht zu heiß ist, wogegen im heißen, trockenen Sommer die Blätter verwelken und die Pflanze sich auf die unterirdische Scheibenknolle (daher der Name: griech. *cyclos*, »Kreis«) zurückzieht. Obwohl das ursprünglich rosafarbene Alpenveilchen als Garten- und Arzneipflanze durchaus seit Jahrhunderten verbreitet war, setzte seine »Blüte« erst mit der Züchtung des heutigen Zimmer-Alpenveilchens um 1860 in England ein. Diese führte zu immer größeren Blüten in einer ungeheuren Farbfülle, die von Weiß über Rosa bis hin zu Dunkelrot oder Violett reicht, und einer ungeheuren Popularität. Hymnen auf das Alpenveilchen zeugen davon: ... *most beautiful, graceful, ladylike* ... (Mrs. Beeton, 1865); ... *the most capricious plant* ... (John Ruskin, 1886). Die ungeheure Farbigkeit der Blüte regte aber auch einen Österreicher zu einer Hymne an:

O liebliche Blüte, so spät erblüht,
Im sanftroten Glanze dein Kelch erglüht,
Du keimest verborgen in schattiger Luft,
Und süß erquicket dein würziger Duft.
Mög' jedes der Lieder in diesem Kranz
Gleich dir auch tragen Duft, Farbe und Glanz.
AUS: »CYCLAMEN« VON CONSTANT WURZBACH RITTER VON TANNENBERG (1818–1893)

In Deutschland begann Ende des 19. Jahrhunderts eine umfangreiche Zucht, sodass um 1900 Alpenveilchen in den Großstädten überall erhältlich waren. Neuerdings werden aber wieder kleinere Sorten angeboten, wobei es sich um Rückkreuzungen mit der Wildform oder sogar um Wildpflanzen handelt. Insgesamt beträgt die Alpenveilchenproduktion in Deutschland 30 Millionen Stück pro Jahr – welch eine Karriere für eine Pflanze, die im Mittelalter zwar als Glücksbringer geschätzt, aber auch als »Schweinebrot« bezeichnet wurde – ein Name, der aus einer Vorliebe der Schweine für die Knollen der Wildform resultiert. Die Vorliebe der Schweine ist umso erstaunlicher, als die Cy-

Prachtvolle Blüte
Eine verblühte Pflanze kann wieder zu alter Pracht zugeführt werden, indem man die Wassergabe einschränkt und nur noch so viel gießt, dass die Knolle nicht schrumpft. Im Spätsommer kann man sie dann wieder einpflanzen und gießt langsam auch wieder vermehrt. Alpenveilchen benötigen relativ viel Wasser, allerdings sollte Staunässe vermieden werden.

Die Farbenvielfalt moderner Züchtungen macht das Alpenveilchen zu einer beliebten Zimmerpflanze.

Alpenveilchen (WEINMANN, EIGENTLICHE DARSTELLUNG, 1735)

clamen-Knollen (auch die Blätter in geringerer Menge) giftige Substanzen, Saponine, enthalten. Diese machen sich schon bei der Kultivierung der Pflanzen unangenehm bemerkbar, da es bei einem längeren Kontakt zu Kribbeln in den Händen kommen kann. Der Verzehr der Knolle der Wildform führt beim Menschen zu Lähmungen, heftigen Magenkrämpfen und Durchfall. Nach der Devise »Die Dosis macht das Gift« wurde die Pflanze jahrhundertelang als Arzneimittel eingesetzt (wiederum ist die Wildform gemeint) – zur Behandlung von Verstopfung, Rheuma und Gicht sowie zur Abtreibung. Heute wird sie in der Homöopathie zur Behandlung von Migräne verwendet.

Bei genauerem Betrachten der Pflanze fällt auf, dass die herz- bis nierenförmigen Blätter auf der Unterseite häufig rot gefärbt sind, was in Österreich, wo sie ja wild wachsen, Anlass zu Sagen gab. Einer solchen zufolge soll die Blattfärbung auf das vergossene Blut nach einem Gemetzel durch die Türken zurückzuführen sein:

Ein jedes Blatt Blutfarbe hatt'
Es weinten die rosigen Sterne …
ADOLF KRONFELD (1861–1934)

Rot – symbolhaft für Blut stehend – ist bei vielen Alpenveilchen aber auch das Blüteninnere, was eine Sinnbildhaftigkeit für den Schmerz Marias über den Tod ihres Sohnes am Kreuz nahe legte.

AZALEE

Nun ist im Schnee mit Sturm und Eis
Der Winter angekommen,
Hat auf tyrannisches Geheiß
Die Blüten all genommen. …
AUS: »BLUMENGEISTER« VON LOUISE OTTO (1819–1895)

Mit einer beeindruckenden Blütenfülle und einer Vielzahl von Farben und Formen stemmen sich die Azaleen gegen die Tristesse des Winters. In ihrer Heimat China gelten sie als Glückssymbol und sind dadurch geradezu prädestiniert, in der Zeit um Weihnachten und Neujahr Fensterbänke zu zieren. Diese kleinwüchsigen Zimmerpflanzen wurden in der Mitte des 19. Jahrhunderts aus China eingeführt – zusammen mit etwa 50 anderen Azaleen- und Rhododendrenarten, welche der Botaniker Joseph Dalton Hooker (1817–1911) auf einer legendären Reise im Himalaja (Sikkim) entdeckte und 1850 nach England transportieren ließ. Er löste damit ein regelrechtes Rhododendrenfieber in England aus. Während Carl von Linné die Rhododendren und die Azaleen, die beide zur Familie der Heidegewächse (*Ericaceae*) zählen, als zwei verschiedene Gattungen aufgefasst hatte, wurde Ende des 18. Jahrhunderts bereits deutlich, dass es sich nur um eine einzige Gattung handeln musste.

Gärtner bezeichnen auch heute noch – botanisch nicht korrekt – mit Azalee kleinere Arten und mit Rhododendron größere. Und so findet sich für unsere Zimmerpflanze häufig die Bezeichnung *Azalea indica*, allerdings im Sinne einer Sammelbezeichnung für Azaleen aus Asien. Dagegen hatte sie der französische Botaniker und Pharmazieprofessor Émile Planchon (1823–1888) in dem großen Werk über Gewächshauspflanzen »Fleurs de Serres« 1853 korrekt den Rhododendren zugeordnet. Mit dem Artnamen *simsii* ehrte er den Londoner Arzt und Botaniker John Sims (1749–1831), der zeitweise als Herausgeber der ältesten botanischen Fachzeitschrift, dem seit 1787 ununterbrochen erscheinenden »Botanical Magazin«, fungierte.

Schon bevor diese Rhododendron-Art bekannt geworden war, gab es insbesondere in England, in Gent (Belgien), aber auch in Dresden und Leipzig umfangreiche Bemühungen, durch Kreuzungen mit Rhododendron-Arten vor allem aus Nordamerika, neue Züchtungen zu erhalten – in Gent hatte es bereits 1839 einen Katalog mit 93 Sorten gegeben. Aber auch Sachsen wurde eine Hochburg der Azaleenzüchtung, die auch *Rhododendron simsii* einschloss und deren Ergebnisse heute noch im Landschloss Zuschendorf bei Pirna in der Sächsischen Schweiz zu bestaunen sind. Heute gibt es Tausende von Sorten von Weiß über Rosa und Rot, auch zweifarbig, mit einfachen oder gefüllten Blüten, die in der Minderheit von *R. japonica* abstammen.

Zimmerazaleen richtig pflegen
Die Pflanzen werden vegetativ vermehrt, das heißt durch Stecklinge, wobei etwa ein Jahr vergeht, bis eine Pflanze in den Verkauf gelangt. Entsprechend der Lebensbedingungen in ihrer Heimat China, wo sie wie viele andere Rhododendron-Arten in kühlen Schluchten von Gebirgsbächen und feuchten Wäldern wachsen und von Januar bis April blühen, mögen es die frostempfindlichen Zimmerazaleen hell, aber nicht sonnig, eher kühl als warm. Sie stehen gerne feucht, vertragen aber keine Staunässe. Zimmerazaleen sind nicht ganz einfach zu pflegen, können aber viele Jahre und sogar Jahrzehnte Freude machen, wenn man sie übers Jahr an einen halbschattigen Platz im Garten oder Balkon stellt.

Zwiebelblumen

Bei den Zwiebelblumen hat der Bulbus, die Zwiebel, ein aus Niederblättern gebildeter unterirdischer Spross, eine Speicherfunktion übernommen – im weiteren Sinne zählt man auch die Knollen wie beim Alpenveilchen oder dem Klee dazu. Echte Zwiebelblumen finden sich in der Familie der Liliengewächse (Tulpe), der Amaryllisgewächse (Amaryllis, Narzisse) sowie in der Familie der Hyazinthengewächse (Hyazinthe). Die Zwiebeln treiben unten an ihrem Rand einfache Nebenwurzeln in den Boden, während die im Inneren befindlichen Knospen im Frühjahr, z.B. von Tulpe oder Hyazinthe, als Blütenstängel mit Laubblättern wachsen und eine enorme Farbwirkung entfalten.

Genau diese Wirkung war es, die Ogier Ghislain de Busbecq in den prächtigen Gärten Konstantinopels im November 1554, also mitten im Winter, erstaunte. Im Orient gab es zu diesem Zeitpunkt bereits eine lange gärtnerische Tradition, Pflanzen aus Vorderasien und Nordafrika zu kultivieren. Busbecq war vom Kaiser in Wien gesandt worden, um über einen Waffenstillstand mit dem türkischen Sultan zu verhandeln. Zwar war seine Mission nicht von anhaltendem Erfolg gekrönt; stattdessen sollte diese Reise die mitteleuropäischen Gärten dauerhaft verändern. Denn er brachte unzählige Samen und Zwiebeln von Tulpen, Narzissen, Ranunkeln und vielen anderen Pflanzen an den Wiener Hof. Viele andere Gesandte und Reisende eiferten ihm nach, und durch die Vermittlung Fachkundiger, teilweise aber auch von Hobbygärtnern wie Apothekern, wurden die Blumen rasch in ganz Europa begeistert aufgenommen. Einen ganz besonderen Anteil daran hatte Charles de l'Écluse (1526–1609), genannt Carolus Clusius, Arzt und Botaniker, der seit 1573 in Wien als Hofgärtner arbeitete, als Protestant das Land verlassen musste und in Leiden ab 1593 eine neue Wirkungsstätte fand. Seine mittlerweile umfangreiche Zwiebelsammlung nahm er dorthin mit. Er leitete dadurch eine Entwicklung ein, die Holland zum »Mekka« der Zwiebelblumen machte.

Links: Anemonen und Ranunkeln gehören zu den Zwiebelgewächsen. Viele von diesen gelangten erst ab dem 16. Jahrhundert nach Europa.

Rechts: Hyazinthen (WEINMANN, EIGENTLICHE DARSTELLUNG, 1735)

Nächste Doppelseite
Links: Leuchtende Farben und herrlicher Duft machen die Hyazinthe zu einem der beliebtesten Frühjahrsboten im Winter.
Rechts: Hyazinthen (WEINMANN, EIGENTLICHE DARSTELLUNG, 1735)

Hyazinthen zu Weihnachtszeit

Um Hyazinthen in der Weihnachtszeit zum Blühen zu bringen, pflanzt man entweder Zwiebeln früh blühender Hyazinthen Anfang September in einen Topf und holt ihn dann im Dezember (und bei Frost) ins Haus oder legt eine Zwiebel sechs bis acht Wochen vor dem gewünschten Blühtermin in ein Hyazinthenglas, füllt das Glas bis zum Zwiebelboden mit Wasser, stellt es an einen kühlen Platz und verdunkelt die Zwiebel mit einem Hütchen. Das Wasser muss alle drei Tage gewechselt werden. Nachdem die Zwiebel begonnen hat zu wurzeln, kann man die Bedeckung abnehmen und die Pflanze an einen hellen Platz stellen. Abkürzen kann man diesen Prozess, in dem man knospige Hyazinthen in Töpfen kauft und die Erde gegebenenfalls abstreift.

Zu Beginn des 17. Jahrhunderts, also just zu der Zeit, in der die Geschichte des Weihnachtsbaumes beginnt, waren Tulpen, Hyazinthen und Narzissen dann absolut »en vogue« geworden, zumal man die Samen oder Zwiebeln einfach transportieren konnte und sich ein Blüherfolg zuverlässig einstellte, auch wenn zwischen Samenerwerb und blühfähiger Zwiebel bis zu sieben Jahre vergingen. Insbesondere die Tulpen brachten es um 1640 zu einer eigenartigen Berühmtheit, als für die Zwiebeln in Holland irrsinnige Summen bezahlt wurden. Aber auch nach dem plötzlichen Abflauen der Welle, bewirkt durch von der holländischen Regierung festgelegte Preise, waren die Zwiebelblumen als Garten-, Topf- oder seit dem späten 18. Jahrhundert auch als Schnittblumen aus dem Blumenspektrum nicht mehr wegzudenken.

Mit der ungeheuren Anzahl der im Laufe der Jahrhunderte aus fernen Ländern eingeführten Pflanzen kamen natürlich auch weitere Zwiebelpflanzen nach Europa, wie beispielsweise die Amaryllis. Bei dieser rückt der Aspekt einer prächtigen Dekoration in den Vordergrund, wogegen die Hyazinthen ebenso wie die Tulpen eher für das vorgezogene Frühjahr stehen.

HYAZINTHEN

... Nur mit Entzücken erinnern wir uns ihrer
Um zu sagen
O wie unvergesslich süß
Die rosa Hyazinthe duftete an jedem Abend.
PAULA LUDWIG (1900–1974)

Es ist vor allem der Duft, der die erblühte Hyazinthe (*Hyacinthus orientalis*) auszeichnet und sie zu einer Besonderheit auf dem Fensterbrett in der Advents- und Weihnachtszeit macht. Neben der Farbigkeit spricht die Hyazinthe mit ihrem Duft ähnlich wie Orangen und weihnachtliche Gewürze noch eine andere Sinneswahrnehmung an. Zudem eröffnet sie die Möglichkeit, den Frühling, für den sie symbolhaft steht, mitten im Winter ins Haus zu holen – in

den skandinavischen Ländern wird dies viel häufiger als bei uns praktiziert.

Namensgebend für den Frühlingsblüher war der Königssohn Hyakinthos, der griechischen Mythologie zufolge ein außergewöhnlich schöner junger Mann, der Geliebte des Gottes Apoll, der durch ein Unglück beim Diskurswerfen von diesem getötet wurde und aus dessen Blut der Gott eine Blume entstehen ließ: *Endlich rief er (Apollo): »Nein, süßes Kind, nicht völlig sollst Du sterben, mein Lied soll von Dir singen, und als Blume sollst Du meinen Schmerz verkünden.« So rief Apollon, und siehe, aus dem strömenden Blut, das die Gräser rot färbte, sprießt eine Blume hervor von düsterem Glanz wie typisches Purpur, lilienförmig wachsend an einem Stengel zahlreiche Blumen ...* (AUS: GUSTAV SCHWAB: SAGEN DES KLASSISCHEN ALTERTUMS)

Botaniker sind sich allerdings sicher, dass es sich dabei nicht um die Hyazinthe handelt, die wir heute als solche bezeichnen. Hyakinthos allerdings lebt weiter in der Mozartoper »Apollo und Hyacinth« oder in dem Kunst- und Natur-

märchen von Novalis (1772–1801) »Hyazinth und Rosenblüte«, worin der Held Hyazinth nach einem schwierigen Prozess des Suchens eine Identität von Kunst und Natur sowie Suchendem und Gesuchten entdeckt.

Wie aber kommt diese Blume in unsere Wohnzimmer? Beheimatet im östlichen Mittelmeergebiet war die Hyazinthe wie die Tulpe und die Narzisse bereits seit Jahrhunderten Bestandteil der türkischen Gärten, als sie im 16. Jahrhundert »entdeckt« und unverzüglich nach Mitteleuropa eingeführt wurde. Zunächst überwiegend blau blühend (daneben seltener weiß oder purpurrot) mit spärlichen Blüten, die kleiner waren, als wir sie heute kennen, wurde die Hyazinthe wie alle blau blühenden Pflanzen, von denen es insbesondere in der Winterzeit nur sehr wenige gibt, zum Symbol des Göttlichen und zum Sinnbild für Maria und Jesus.

Rasch wurde sie als außergewöhnlich duftende Gartenpflanze in ganz Europa begeistert aufgenommen, und es gelang den Gärtnern, neue Sorten zu produzieren, sodass der 1613 erschie-

Als Hoffnungssymbol und mit den weihnachtlichen Farben Rot und Grün passt die Tulpe auch gut in die Weihnachtszeit.

Tulpen (WEINMANN, EIGENT-LICHE DARSTELLUNG, 1735)

Tulpensträuße, an denen man lange Freude hat
Es lohnt sich durchaus, abseits der Massenware beispiels-weise nach französischen (lang-stieligen) Tulpen Ausschau zu halten, die sehr haltbar sind. Um generell möglichst lange Freude an einem Tulpenstrauß zu haben, stellt man ihn in lauwarmes, leicht zuckerhalti-ges Wasser, wobei zwei Zenti-meter in der Vase genügen, da die Tulpen sonst zu schnell wachsen und die Straußform verloren geht.

nene »Hortus Eystettensis«, ein prachtvolles Gartenbuch, welches die Pflanzen im Garten von Eichstätt verzeichnete, bereits 13 verschie-den Sorten aufführte. Die Hyazinthenzucht ent-wickelte sich zu einer echten Erfolgsgeschich-te, da sich die Vermehrung und Pflanzung als einfach durchzuführen erwiesen – allerdings blühen die Hyazinthen in Mitteleuropa höchs-tens fünf bis sechs Jahre lang. Nachdem Ma-dame de Pompadour (1721–1764), die Mätresse des französischen Königs Ludwig XV., den Gar-ten von Versailles und das Schloss mit hollän-dischen Hyazinthen verschönern ließ – es sol-len bis zu 200 Hyazinthen gleichzeitig geblüht haben – und der Adel nicht nachstehen wollte, kam es zu einer ungeheuren Nachfrage nach Zwiebeln, doch erreichte diese nicht annähernd solche Dimensionen wie die legendäre Tulpo-manie. Die Hyazinthenzucht in Holland, woher heutzutage alle Hyazinthenzwiebeln kommen, führte zu einer Auswahl von über 600 Sorten in allen erdenklichen Farben. Man hat mittlerwei-le vergessen, dass es auch in Berlin aufgrund

der großen Nachfrage bürgerlicher Kreise seit 1815 (Biedermeier) für ungefähr 100 Jahre eine umfangreiche Hyazinthenzucht gab. Diese in Ornamenten angelegten Hyazinthenfelder wurden zur Blütezeit zum Ausflugsziel der Ber-liner, die sie von Aussichtsplattformen bewun-derten.

TULPEN

...Wenn die Tulpe, so gestaltet
Wie wir itzt sie vor uns sehn,
Unter uns die Stolze waltet,
Müßten wir vor ihr vergehen.
Jeder ihrer tausend Reize
Jedes Aug bezaubern muß ...
AUS: »AN DIE TULPE« VON AUGUST GRAF VON PLATEN (1796–1835)

Die Tulpen gehören ja nun wahrlich nicht zu den klassischen Pflanzen in der Weihnachtszeit und ihre Symbolik – Liebe und Vergänglichkeit

(im Orient repräsentiert die Tulpe sogar den Tod) – hat nichts speziell Weihnachtliches. Stattdessen stehen sie für den Frühling, die Hoffnung auf die Wiedergeburt der Natur. Und so findet man denn auch seit einiger Zeit in den Blumengeschäften im Advent Tulpen, deren Farbwirkung sie zu einem Blickfang macht und mit denen man, wenn man an rote Tulpen denkt, die typisch weihnachtliche Farbkombination aus Rot und Grün sehr dekorativ umsetzen kann.

Es war der bereits erwähnte Ogier Ghislain de Busbecq, der die Garten-Tulpen aus dem Orient nach Mitteleuropa brachte und ihnen ihren Namen gab: In seinen (fiktiven) Briefen, die er während seines Aufenthalts in der Türkei verfasst hatte und mit denen er geradezu ein Kaleidoskop des damaligen orientalischen Lebens ausbreitete, erzählte er von der Blume, welche die Türken »Tulipam« nennen würden. Es ließ sich nicht mit Sicherheit rekonstruieren, ob die Türken, welche die Blume außerordentlich schätzten und seit Jahrhunderten in ihren Gär-

ten pflanzten, diese wirklich volkstümlich so benannten. Fest steht jedenfalls, dass der Blütenkelch an einen Turban (türkisch: *Tülpent*) erinnert. Die Zwiebeln, die de Busbecq dann mit nach Wien brachte, waren vor allem die roter sowie einiger weißer und gelber Tulpen.

Eine erste Detailbeschreibung mit Holzschnittabbildung lieferte der Schweizer Arzt und Apotheker Konrad Gesner (1516–1565), der 1559 eine rote Tulpe in einem Augsburger Apothekergarten entdeckte. In Würdigung dessen nannte der schon mehrfach erwähnte Carl von Linné sie Mitte des 18. Jahrhunderts *Tulipa gesneriana*. In der Zwischenzeit brach der bereits angesprochene holländische Tulpenboom aus – eigentlich weniger ein Geschichte aus dem Reich der Pflanzen als aus dem der Wirtschaft. Botanisch viel wichtiger für die Entwicklung der Tulpe waren die umfangreichen Zuchtversuche, die vor allem in Holland, aber auch in England und Frankreich sowie später in Deutschland erfolgten. Zum Züchten verwendete man neben Zwiebeln auch Samen; es zeigte sich al-

lerdings, dass die Kreuzungen nicht stabil sind und sich deswegen eine Vielzahl von Sorten ergibt. Will man eine bestimmte Tulpensorte, von denen es mittlerweile Tausende gibt, erhalten, muss man Tochterzwiebeln abtrennen. Inzwischen gibt es kurze, lange, früh bis spät blühende Tulpen in fast jeder Farbe – außer in Blau und Schwarz; nur die »schwarze Tulpe« des Alexandre Dumas (1802–1870) ist eine Erfindung. Bei allen Züchtungen können ganz unerwartete Farbspiele auftreten, und gelegentlich verursacht ein Virus Farbbrechungen oder Marmorierungen.

Die Tulpe wurde zu einer der beliebtesten Gartenblumen überhaupt, aber auch als Schnittblume wird sie außerordentlich geschätzt, vielleicht auch, weil die Blüte mit ihren sechs Blüten- und Staubblättern, die selbst kleine Kinder gut zeichnen können, einen sehr einfachen, klassisch anmutenden Aufbau hat. Längst haben sich die Tulpen zu einem richtigen Wirtschaftsfaktor in Holland entwickelt. Auf dem Blumenmarkt in Amsterdam werden pro

Jahr neun Milliarden Tulpen und Tulpenzwiebeln umgeschlagen. Jahreszeiten gibt es für die Tulpen nicht mehr: Die Zwiebeln kommen nach einer Kältephase ins Gewächshaus bei etwa 18 °C und zeigen nach etwa vier Wochen ihre grünen Knospen und kurz darauf ihre Blüten – auch im Advent oder zu Weihnachten. Hier lassen sie sich schön mit Immergrün wie Tannen-, Fichten- oder Stechpalmenzweigen dekorieren und schmücken so schon zur Weihnachtszeit das Haus mit einem Hauch von Frühling.

AMARYLLIS ODER RITTERSTERN

… Nimm fort die Amarylle,
du siehst ja: gründlich: – sie setzt
ganz rot, ganz tief, ganz Fülle
ihr Eins und Allerletzt.
GOTTFRIED BENN (1886–1956)

Eine sehr auffällige Zwiebelpflanze im Reigen der in der Weihnachtszeit verwendeten Pflan-

zen, auch was die Größe ihrer Zwiebel angeht, ist die Amaryllis, die in den letzten Jahren auch als Schnittblume an Beliebtheit gewonnen hat. Bei ihr treffen weihnachtliche Farbgebung (Rot/Grün bzw. Weiß/Grün) und (gesteuerter) Blühzeitpunkt passenderweise zusammen. Ihr eigentlicher botanisch korrekter Name lautet *Hippeastrum*, eingedeutscht »Ritterstern«. Der Name Amaryllis geht auf eine in der griechischen Mythologie vielfach angebetete Nymphe oder Hirtin (Vergil) zurück, allerdings gibt es eine echte Amaryllis, nämlich die in Südafrika beheimatet Belladonnalilie (*A. belladonna*). Beide aber waren ursprünglich durch Carl von Linné (1707–1778) in dieselbe Gattung eingeordnet worden, und erst Mitte des 20. Jahrhunderts wurde die Gattung *Hippeastrum* mit ihren 80 Arten nach vielen Diskussionen unter Botanikern endgültig als eigenständig etabliert – allerdings unter dem »Dach« der Familie der Amaryllisgewächse, der *Amaryllidaceae*. Zu dieser gehört übrigens auch die Clivie, welche seit vielen Jahrzehnten eine sehr beliebte Zimmerpflanze in deutschen Wohnzimmern darstellt. Ihren Namen verdanken die Rittersterne dem englischen Geistlichen und Hobbybotaniker William Herbert (1778–1847), der ihn 1837 für die imposante Blume erfand, entweder, weil die Knospen an ein Pferdeohr erinnern sollen und die Blüte wie ein sechsstrahliger Stern aussieht, oder, weil die Blüte Herbert, einen Kenner mittelalterlicher Geschichte, an den Morgenstern eines Ritters erinnerte.

Hippeastrum-Arten, von denen es etwa 80 gibt, sind in Südamerika in Gebieten mit ausgeprägter Trockenheit heimisch. Sie wurden durch die Holländer, die »Zwiebelexperten«, im 18. Jahrhundert nach Europa gebracht. Ihr Erscheinen in der Wildform mit maximal zwei Blüten ist durchaus graziler als bei den heutigen Züchtungen, doch gibt es nach mittlerweile 200 Jahren der Züchtung Hunderte von Sorten in unzähligen Farben und Farbkombinationen mit bis zu sechs Blüten, die vor allem aus holländischen Gewächshäusern zu uns kommen, aber auch aus Israel, Australien, Südafrika, Südamerika.

»Amaryllis« zum Blühen bringen

Den Ritterstern erhält man im Handel zumeist als Zwiebel. Diese pflanzt man in einen möglichst kleinen Topf in Erde, sodass maximal die Hälfte der Zwiebel bedeckt ist. Neuerdings gibt es auch den Hyazinthengläsern ähnliche Glasgefäße, mit denen man die Anzucht äußerst dekorativ beginnen kann. Bis die Blütenstiele etwa 20 Zentimeter hoch sind, gießt man fast gar nicht, danach nur sehr sparsam. Nach der Blüte muss man die Blütenstiele radikal kürzen und die Pflanze düngen. Nach den Eisheiligen (11.–15. Mai) kann man sie dann im Garten oder auf dem Balkon an ein sonniges Plätzchen stellen. Entsprechend ihrer Herkunft aus Trockengebieten benötigen die Zwiebelpflanzen im Herbst eine dreimonatige absolute dunkle Trockenphase, wenn man sie im nächsten Jahr wieder zum Blühen bringen möchte.

Exotische Früchte

Was sind (heute) exotische Früchte? Kaktusfeigen aus Mexiko oder Drachenfrüchte aus China? Noch vor einigen Jahrzehnten galten in unseren Breiten Bananen oder Zitrusfrüchte, die wir heute fast selbstverständlich konsumieren, als »exotisch«. Die Frage ist also: Was ist exotisch? Das Wort stammt von dem griechischen Wort *exotiki*, lateinisch *exoticus* (»auswärtig, fremd«) ab und trifft insofern auch auf Orangen, Mandarinen und Granatäpfel zu, als sie in Mitteleuropa aus klimatischen Gründen nicht in größeren Mengen geerntet werden können. Mit Exotik verbindet man trotz Globalisierung nach wie vor Rätselhaftigkeit, fremde Sitten, wärmeres Klima oder asiatische bzw. orientalische Pracht – Assoziationen, die man auch heute noch – durch die Symbolik verstärkt – beim Betrachten oder Verzehr einer Orange bzw. eines Granatapfels haben kann.

96

ORANGEN

Durch sie hoben unbekannte Vögel
Ihr Zwitschern an,
Über uns,
auf wieder ergrünten Zweigen sitzend,
Und die Bäume zeigten sich am Morgen,
nach diesem Tag,
Schwer behangen mit neuen Früchten,
die unsere Nacht hatte reifen lassen.
RIZQUALLAH CHAWAM (1887–1961)

Die süß schmeckenden und aromatisch duftenden Süß-Orangen (*Citrus sinensis*) gehören heutzutage vor allem als Lebensmittel, aber auch als dekoratives Element zu Nikolaus und Weihnachten wie Äpfel und Nüsse. Das liegt zum einen daran, dass die aus dem Mittelmeergebiet stammenden Früchte ab November als sogenannte Winterorangen zu uns kommen, es zum anderen aber noch gar nicht so lange her ist, dass sie einen echten Luxus darstellten, der nur selten zu bekommen und/oder den Rei-

Orangen in der Weihnachtszeit
Beim Spicken einer Orange mit Nelken – vollständig oder auch teilweise mit Mustern (dazu am besten mit einer dicken Nadel vorstechen) – oder dem spiralförmigen Einkerben »verletzt« man die Schale und erhält eine »Duftkugel«, welche langsam ein intensives Aroma freisetzt und zugleich als dekoratives Element verwendet wurde bzw. wird. Als ein solches bieten sich auch getrocknete Orangenscheiben an, die man herstellt, indem zwei bis fünf Millimeter dicke Scheiben 15 Tage auf der Heizung oder für drei Stunden im Backofen bei 100 °C getrocknet werden.

Nächste Doppelseite
Links: Orangen (KNORR, THE-
SAURUS REI HERBARIAE, 1772)
Rechts: Orangen erinnern an Sonne
und Süden und bringen so im Win-
ter den Sommer ins Haus.

chen vorbehalten war – in vielen Kindheitser-
innerungen ist die Rede von »einer Orange zu
Weihnachten«. Erst seit etwa 50 Jahren (in der
DDR erst seit der »Wende«) sind Orangen bei
uns sowohl weit verbreitet (ganzjährig) erhältlich als auch erschwinglich und erreichen einen jährlichen Pro-Kopf-Konsum von acht
Kilogramm.

Beheimatet in China und dort seit 4000 Jahren
als Kreuzung von Mandarine und Pampelmu-
se kultiviert, wurde die Apfelsine (»Apfel aus
China«), wie sie nördlich des Mains häufig genannt wird, erst frühestens im 15. Jahrhundert
durch portugiesische Seefahrer in Europa eingeführt, während die Bitterorange (*Citrus au-
rantium*, Sevilla-Orange, Pomeranze) bereits
seit Mitte des 12. Jahrhunderts durch die Vermittlung der Araber bekannt war. Die Orange
erlebte eine rasche Verbreitung entlang der Küs-
ten des Mittelmeeres und wurde zum Inbegriff
des Exotischen und des Südens: *Kennst du das
Land, wo die Zitronen* (als Oberbegriff für Zitrusfrüchte) *blühen* ...?, heißt es bei Goethe.

In der Bildsprache der Maler trat die Orange
häufig an die Stelle des Apfels: Weil es sich bei
den Früchten vom Baum der Erkenntnis auch
um Orangen hätte handeln können, brachten
holländische Maler im 16. Jahrhundert die
Orange (niederländisch: *sinaasappel*) statt des
Apfels ins Bild bei der Darstellung der Maria
mit dem Jesuskind, und der Orangenbaum wurde zur Kulisse der Christusgeburt.

Während in den Orangerien der europäischen
Fürstenhöfe dekorative Orangenkübel die Gartenkunst krönten, gab es erste Plantagen zur
Orangenernte seit 1792 in Spanien, seit 1870 in
Italien. Heute werden die kälteempfindlichen
Früchte, die Frost allenfalls kurz vertragen, weltweit in allen Ländern des sogenannten Zitrus-
gürtels zwischen dem 40. Grad nördlicher und
dem 35. Grad südlicher Breite angebaut – Haupt-
exporteure sind Brasilien und die USA. Die
Zahl der im Handel befindlichen Sorten beträgt
über 400, von denen jedoch die Rund-, Navel-,
Blut- und säurefreien Orangen die wichtigsten
darstellen. Aus den weißen, wohlriechenden

P. 4.

a

c

d

Kleine Mandarinenkunde

Unter dem Oberbegriff »Mandarine« werden verschiedene Früchte zusammengefasst: **Clementinen** (*C. clementina*) sind eine besonders aromatische und leicht schälbare Kreuzung zwischen Mandarine und Pomeranze, die zunächst in Algerien gezüchtet wurde. Namensgeber und erster Züchter war ein um 1900 als Gärtner arbeitender Missionar in einem Waisenhaus in Algerien namens Clément Rodier (1829–1904). Die besonders süßen, fast kernlosen **Satsumas** (*C. unshiu*) sind eine in Japan kultivierte Kreuzung aus Orange und Mandarine, die eine dünne Schale besitzen und leicht schälbar sind.

Die eigentlichen **Mandarinen**, im englischen Sprachraum als **Tangerinen** bezeichnet, sind ebenfalls eine Kreuzung aus Orange und Mandarine, welche nach dem Einfuhrhafen Tanger/Algerien benannt wurde, über den lange Zeit die Verschiffung der Früchte erfolgte. Heute werden die Früchte, deren Schale relativ dunkel ist und sich leicht schälen lässt, vor allem in Florida angebaut. Die Pflanzen sind ungewöhnlich kälteresistent und vertragen sogar Frost bis – 9 °C.

Blüten, einem traditionellen Brautschmuck, entwickelt sich eine Beerenfrucht, das sogenannte Hesperidium – in der griechischen Mythologie bewachen die Hesperiden, Nymphen, einen wunderschönen Garten mit Zitrusfrüchten – mit einer das Fruchtfleisch umschließenden dicken Schale mit einer weißen inneren und einer lederartigen, orangefarbenen äußeren Schicht, die von ätherischen Öldrüsen durchzogen ist. Die enthaltenen ätherischen Öle mit ihrem angenehm frischen Duft geben der Weihnachtszeit ihre ganz eigene Note.

MANDARINEN

Bald kommt der Nikolaus
… In seinem Sack sind gute Sachen,
die braven Kindern Freude machen.
VERFASSER UNBEKANNT

Mandarinen (*Citrus deliciosa*, syn. *reticulata*) fehlen in keinem Nikolaussack, in keinem Nikolausstiefel, ja sie sind geradezu zum Symbol der Adventszeit geworden – in den USA werden sie sogar als »Christmas Orange« bezeichnet –, was auch daran liegt, dass sie nur von November bis Januar in guter Qualität erhältlich sind. Vieles, was über die Orange gesagt wurde, gilt auch für ihre kleinere Schwester.
Vermutlich erhielt die Mandarine ihren Namen, weil ihr Verzehr im alten China als wertvollste Zitrusfrucht neben dem Kaiser nur den hohen Staatsbeamten, den sogenannten Mandarinen, vorbehalten war. Wegen der schlechten Lager- und Transportmöglichkeiten wurden die ersten Exemplare erst im 19. Jahrhundert in das Mittelmeergebiet eingeführt, wo sie seitdem kultiviert werden. Die meisten Exemplare in den Läden stammen heutzutage aus Spani-

en, allerdings werden sie weltweit in Gegenden mit entsprechendem Klima angebaut. Dieses späte »Auftauchen« in Mitteleuropa erklärt eine fehlende Symbolik und Auseinandersetzung in der Kulturgeschichte – die Mandarine ist ein reines Wirtschaftsgut.

GRANATAPFEL

Wenn die Sonnen, die ihr ertruget,
Euch also zum Hochmut geraten,
dass ihr, ihr geklafften Granaten,
rubinene Wände durchschluget,

und wenn eine Kraft es gewollt,
dass der Rinde trockenes Gold
über saftroten Steinen zerspringe,

so rührt sich in mir vor dem Spalt
eine meinige Seele der Dinge
und ihrer geheimen Gestalt.
»WENN DIE SONNEN« VON PAUL VALERY (1871–1945), ÜBERSETZT DURCH RAINER MARIA RILKE

Granatäpfel, welche in den letzten Jahren als exotisches, farbgebendes und dekoratives Element der Weihnachtszeit – vergoldet oder pur, in Schalen, Gestecken oder sogar am Baum – immer beliebter wurden, sind die Früchte einer der ältesten Kulturpflanzen. Der ursprünglich in Vorderasien beheimatete, bis fünf Meter hohe, sommergrüne Baum wurde im gesamten Mittelmeerraum, aber auch in Indien und China seit Jahrtausenden angebaut. Er trägt gleichzeitig leuchtend rote bis gelbe Blüten und anfangs grüne, später leuchtend rote Früchte, die in den Monaten September bis Dezember geerntet werden. Hauptlieferanten sind heutzutage Iran und Ägypten. Diese Beerenfrüchte enthalten zahl-

Fast verschwindet der Granatapfel im Gewirr der Zweige – optisch setzt er der Komposition jedoch die Krone auf.

reiche gallertartige, perlenförmige, rote Fruchtkügelchen, die den bis zu 15 Millimeter großen Samen umschließen. Lässt man die Frucht bis zur Überreife am Baum, so springt die Schale auf und lässt einen Teil der Samen erkennen.

Die Synonyme für den Granatapfel (lat. *Punica granatum*) wie Punischer Apfel, Apfelgranate, Paradiesapfel oder Grenadine erklären zugleich Herkunft, Charakteristika und Symbolik: Punica wegen der Verbreitung in Italien durch die Phönizier (Punier) aus Nordafrika, Granat wegen der vielen Kerne (lat. *granatus*, »kernreich«) – sehr wahrscheinlich leitet sich daher auch der Name für die Schmucksteine ab, da in Schmuckstücken viele Steine wie die Samen des Granatapfcls verwendet wurden – und Paradiesapfel, da die Frucht vom Baum der Erkenntnis wie erwähnt in der Bibel nicht näher bezeichnet wurde und der Granatapfel zu biblischen Zeiten eine weit verbreitete Frucht darstellte. Aber auch viel weniger prosaische Dinge verbinden sich mit der Frucht: Die Granate, ein mit Sprengstoff befüllter Hohlkörper, folgte im Mittelalter der Form und dem Namen nach ihrem Vorbild.

Die außergewöhnlichen Eigenschaften der Frucht veranlassten viele Kulturen und Religionen zu einer Verwendung als Symbol: die Frucht für Schönheit (*… gleich dem Riss im Granatapfel schimmert deine Schläfe …*, Hohelied 6,7), Fruchtbarkeit und Leben (Gleichnis in China: *Hundert Kerne, hundert Söhne*), der rote Saft für das Blut der Märtyrer, die harte Schale mit einem süßen Kern für den gütigen Priester, der aufgesprungene Granatapfel mit der Fülle der Samenkörner für die Mildtätigkeit, für die große Zahl der Heiligen oder auch die Tugenden der Gottesmutter Maria. Gerade diese Symbolik findet sich in einer Reihe von Kunstwerken des 15. und 16. Jahrhunderts, wie beispielsweise der Granatapfel, den die Stuppacher Madonna des Matthias Grünewald (1474/1480–1528) dem Jesuskind reicht. Aber auch als rein dekoratives Element findet man den Granatapfel mit seiner unverwechselbaren Form an Bauwerken, Kunstwerken und Gebrauchsgegenständen, nicht zuletzt auf dem fälschlich benannten Meißener »Zwiebelmuster«.

Kulinarisches rund um den Granatapfel
Granatäpfel sind sehr robust und lange haltbar; verzehrt werden sollten sie, solange die Schale noch glatt ist. Der Saft, auch als Grenadine bezeichnet (wobei unter der Bezeichnung Grenadine heutzutage auch Saftmischungen im Handel sind, die nur wie Granatapfel schmecken), den man durch Auspressen mithilfe einer Orangenpresse gewinnen kann, schmeckt angenehm säuerlich-süß, die Kerne sind pur oder auch in Süßspeisen ein Genuss. In jüngster Zeit gibt es vermehrt Veröffentlichungen, in denen die gesundheitsfördernde (antioxidative) Wirkung des Granatapfels gerühmt wird.

Glücksbringer zu Neujahr

Will das Glück nach seinem Sinn
Dir was Gutes schenken,
sage danke und nimm es hin
ohne viel Bedenken. ...

AUS: »ZU NEUJAHR« VON WILHELM BUSCH
(1831–1908)

Wie den Thomastag, den 21. Dezember, und die Christnacht empfanden die Menschen auch die Neujahrsnacht, durch die Silvester und Neujahr miteinander verbunden sind, als besonderen Punkt im Jahreslauf, der Anlass gab, an die Zukunft zu denken, Orakel zu befragen, (Pflanzen-)Zauber zur Abwehr des Bösen einzusetzen und Versuche zu unternehmen, das Glück zu binden. Um dieses sichtbar zu machen, bediente man sich – nicht nur am 31. Dezember – der Symbole Schwein, Klee, Schornsteinfeger, Hufeisen, Fliegenpilz, Pfennig (heute Cent), nicht nur im übertragenen Sinne, sondern auch ganz konkret als Glücksbringer. Sie waren im Laufe der Jahrhunderte aus Volks- oder Aberglauben entstanden, nachdem sie entweder eine besonders hohe Wertschätzung erfuhren (Pferd – Hufeisen, Schwein, Schornsteinfeger), symbolisch überhöht wurden (Pfennig, Marienkäfer) oder besonders selten sind (vierblättriges Kleeblatt).

Mit dem stilisierten Fliegenpilz, denn um ein echtes Naturprodukt handelt es sich bei den zu Neujahr gebräuchlichen Steckern oder Figuren ja gar nicht, ist es eine eigenartige Sache: Sein Auftreten als Glücksbringer (oder auch als niedliches, hübsches dekoratives Element im Kinderbuch) steht ganz im Gegensatz zu seiner ausgeprägten Gift- und Rauschwirkung. Über die Gründe, warum nun ausgerechnet ein Pilz mit einer derart heftigen Wirkung zu einem Glücks-

symbol wurde, scheint man nur spekulieren zu können: Entweder bezog man sich auf das rauschartige Glücksgefühl nach der Einnahme, welches in vielen Kulturen, besonders in Sibirien genossen wurde. Alternativ wurde vermutet, dass der Pilz verniedlicht werden sollte, um seine halluzinogene Wirkung zu verschleiern. In Skandinavien sind im Übrigen Adventsdekorationen mit Moos und Fliegenpilzsteckern sehr gebräuchlich, zum einen, weil die rot-weißen Pilze an die Natur erinnern, zu der die Skandinavier ohnehin einen engen Bezug haben, und zum anderen, weil sie das Rot-Weiß-Muster bedienen können.

GLÜCKSKLEE

Was hat es mit dem vierblättrigen Klee, der zu Neujahr als Glücksbringer verschenkt wird, auf sich? Das Glück kommt beim Klee mit dem Besonderen – und diese Besonderheit des vierten Blattes tritt als Mutation des üblicherweise dreiblättrigen Wiesenklees auf. Sie kommt nur bei etwa 0,1 bis 1 Prozent der Blätter vor, in kleinen Arealen können es auch bis 10 Prozent sein – und es gibt auch Mutationen, die zu mehr als vier Blättern führen (angeblich bis zu 18). Der Wiesenklee, botanisch *Trifolium* (»Dreiblatt«) *pratense* (rot) oder *repens* (weiß), gehört zur Familie der Hülsenfrüchtler und kommt in Mitteleuropa weit verbreitet vor. Allerdings ist es eigentlich falsch, von drei oder vier Blättern zu sprechen, da es sich nur um *ein* Blatt handelt, welches gefiedert ist.

Eine besondere Wertschätzung erfuhr der Klee eben wegen seiner ausgeprägten Dreiblättrigkeit bei den Kelten als Symbol für die Dreieinigkeit der keltischen Priester und als Symbol der Dreifaltigkeit bei den Christen. Besonders beliebt ist

Das »Glück« selbst züchten
Die mehrjährige krautige Pflanze bildet als Überdauerungsorgane rübenartige Knollen mit kleinen anhaftenden zwiebelartigen Gebilden aus, die in Mexiko als Gemüse geschätzt werden. Auch kleine Knöllchen sind heutzutage erhältlich, sodass man zu Hause sein »Glück« anziehen kann. Um zum Jahreswechsel zu ergrünen, werden die Knollen zwischen dem 20. und dem 25. Oktober in die Erde gesteckt. Sie zeigen dann zuverlässig ihre »Vierblättrigkeit« zu Silvester. Die Pflege ist nicht ganz einfach: Die Pflanzen benötigen viel Licht, nicht zu viel Wasser und können nach den Eisheiligen in den Garten im Halbschatten gepflanzt werden, wo sie dann gelb, weiß oder rosa blühen.

Weil vierblättriger Klee selten ist, gilt er als Glückssymbol, das gerne zu Neujahr verschenkt wird.

er bei den Iren, die den »Shamrock«, wie der dreiblättrige Klee in Irland heißt, zum inoffiziellen Landessymbol erhoben haben. Aber auch der vierblättrige Klee wurde verehrt: Angeblich soll Eva ihn aus dem Paradies mitgenommen haben, um immer ein Stück des Glücks mit sich zu führen. Dementsprechend wurden früher vierblättrige Kleeblätter in die Kleidung eingenäht, um auf Reisen gewappnet zu sein.

Nun wäre es aber zu mühsam und vermutlich auch nicht von Erfolg gekrönt, wollte man sich zu Neujahr auf die Suche nach einem vierblättrigen Kleeblatt machen – schließlich werden zum Jahreswechsel in Deutschland zehn Millionen Exemplare benötigt. Und so behilft man sich mit einer in Mexiko heimischen Pflanze aus der Familie der Sauerkleegewächse, *Oxalis tetraphylla* (bzw. *O. deppei*), welche die Vierblättrigkeit zuverlässig zeigt – ob diese dann aber auch Glück bringen kann?

In jedem Falle ist das Glück, das man sich oder anderen wünscht, nichts anderes, als der Hoffnung auf ein gutes neues Jahr Ausdruck zu geben – und so schließt sich im Grunde der Kreis, der mit der Hoffnung, die unsere Vorfahren mit der Feier des Sonnwendfestes im Winter verbanden, begann.

Literatur

ALLEN, LINDA: Decking the Halls. The Folklore and Traditions of Christmas Plants. Willow Creek Press: Minocqua 2000

BECKER, HANS/SCHMOLL GEN. EISENWERTH, HELGA: Mistel – Arzneipflanze, Brauchtum, Kunstmotiv im Jugendstil. Wissenschaftliche Verlagsgesellschaft mbH: Stuttgart 1986

BECKER-HUBERTI, MANFRED: Lexikon der Bräuche und Feste. Herder Verlag: Freiburg 2000

BECKER-HUBERTI, MANFRED: Der heilige Nikolaus. Leben, Legenden, Bräuche. Greven Verlag: Köln 2005

BEUCHERT, MARIANNE: Symbolik der Pflanzen. Von Akelei bis Zypresse. Insel Verlag: Frankfurt/Leipzig 1995

BORCHARD, DAGMAR: Die Drei Freunde des Winters, Kultur und Symbolik der Blumen und Bäume. In: Das neue China 23, 3 (1996)

BREYER, CHARLOTTE: Christbaumkugeln und Lametta. Wie Weihnachten früher war. Echter Verlag: Würzburg 2006

BRÜCKNER, GILLA: Weihnachten wie früher. Von Christbaumschmuck und Gabenbringern. Thorbecke Verlag: Ostfildern 2006

BURGHART, HEINZ: Kleiner Garten – Große Liebe. Ludwig Verlag: München 1989

CHAWAM, RIZQUALLAH: Orangen. In: Maurieres, Arnand/Mayer, Joelle Caroline: Orientalische Gärten. Christian Verlag: München 2001, S. 20

CULLMANN, OSCAR: Die Entstehung des Weihnachtsfestes und die Herkunft des Weihnachtsbaumes. Quell Verlag: Stuttgart 1990

DE PAOLA, TOMIE: The Legend of the Poinsettia, retold and illustrated. Penguin Putnam Books for young Readers: New York 1997

ERICH, OSWALD A./BREITL, RICHARD: Wörterbuch der deutschen Volkskunde. Alfred Kröner Verlag: Stuttgart 1974

EUROPÄISCHE WEIHNACHT – IN VIELFALT GEEINT. Sutter Verlag: Essen 2004

GEKELER, HANS: Handbuch der Farbe. Systematik – Ästhetik – Praxis. Dumont Verlag: Köln 2000

GIDDENS, ANTHONY: Konsequenzen der Moderne. Suhrkamp Verlag: Frankfurt 1995

GROSS, RUDOLF: Warum die Liebe rot ist. Farbsymbolik im Wandel der Jahrtausende. Econ Verlag: München 1981

HAAG, STEFAN: Von Druidentrank und Hexenkraut. Heil- und Zauberpflanzen aus aller Welt. Kosmos Verlag: Stuttgart 2002

HASLINGER, ADOLF (HRSG.): Wunderbare Weihnachtszeit. Ein Hausbuch. Residenz Verlag: Salzburg/Wien 1991

HEINZ-MOHR, GERD: Lexikon der Symbole. Herder Verlag: Freiburg/Basel/Wien 1998

HIELSCHER, KEY/HÜCKING, RENATE: Pflanzenjäger. In fernen Welten auf der Suche nach dem Paradies. Piper Verlag: München 2003

HINRICHSEN, TORKILD (HRSG.): Weihnachten in Dänemark. Dansk Jul. Husum Verlag: Husum 2003

IMPELLUSO, LUCIA: Die Natur und ihre Symbole. Bildlexikon der Kunst. Band 7. Pflanzen, Tiere, Fabelwesen. Parthas Verlag: Berlin 2005

KILLINGBACK, STANLEY: Tulpen: Ein illustriertes Handbuch zur Bestimmung und Zucht. Könemann Verlag: Köln 1997

KIRCHHOFF, HERMANN: Christliches Brauchtum von Advent bis Ostern. Kösel Verlag: München 1984

KRAUSCH, HEINZ-DIETER: Kaiserkron und Päonien rot … Von der Entdeckung und Einführung unserer Gartenblumen. Dtv Verlag: München 2007

LURKER, MANFRED (HRSG.): Wörterbuch der Symbolik. Alfred Kröner: Stuttgart 1991

MEHLING, MARIANNE: Die schönsten Weihnachtsbräuche. Droemersche Verlagsanstalt Th. Knaur Nachf.: München/ Zürich 1980

PALMENGARTEN DER STADT FRANKFURT (HRSG.): Druidenfuß und Hexenkessel. Magische Pflanzen. Sonderheft 38, 2004

POLLAN, MICHAEL: Botanik der Begierde. Vier Pflanzen betrachten die Welt. Claasen Verlag: München 2002

RÄTSCH, CHRISTIAN/MÜLLER-EBELING, CLAUDIA: Weihnachtsbaum und Blütenwunder. AT Verlag: Aarau 2003

RULAND, JOSEF: Weihnachten in Deutschland. Hohwacht Verlag: Bonn 1978

SCHERF, GERTRUD: Zauberpflanzen, Hexenkräuter. Mythos und Magie heimischer Wild- und Kulturpflanzen. BLV Verlag: München 2007

SCHIRAREND, CARSTEN/HEILMEYER, MARINA: Die goldenen Äpfel. Wissenswertes rund um die Zitrusfrüchte. Fördererkreis der naturwissenschaftlichen Museen Berlins e.V.: Berlin 1996

SCHMIDKUNZ, WALTER: Christusmärchen. Rosenheimer Verlag: Rosenheim 1980

SCHMIDT, MARGARETHE: Warum ein Apfel, Ewa? Die Bildsprache von Baum, Frucht und Blume. Schnell und Steiner Verlag: Regensburg 2000

SPRACHE DER BLUMEN. EINE BLÜTENLESE. Ausstellungskatalog. Museum Strauhof, Stadt Zürich: Zürich 2007

THIELE-DOHRMANN, KLAUS: Geschichten um den Granatapfel. Wilhelm Heyne Verlag: München 1997

THUSWALDER, ANTON (HRSG.): Als Weihnachten noch Weihnachten war. Lesestücke aus dem vorigen Jahrhundert. Residenz Verlag: Salzburg/Wien 1986

VOSSEN, RÜDIGER: Weihnachtsbräuche in aller Welt. Weihnachtszeit, Wendezeit, Martini bis Lichtmeß. Christians Verlag: Hamburg 1985

WAGGERL, KARL HEINRICH: Advent. In: Haslinger, Adolf: Wunderbare Weihnachtszeit, Residenz-Verlag: Salzburg, Wien 1991, S. 15–21

WEBER-KELLERMANN, INGEBORG: Das Buch der Weihnachtslieder. Schott Verlag: Mainz/Piper: München 1982

WEBER-KELLERMANN, INGEBORG: Das Weihnachtsfest. Eine Kultur- und Sozialgeschichte der Weihnachtszeit. Bucher Verlag: Luzern, Frankfurt 1987

WUNDERLICH, HEINKE (HRSG.): Blumen auf den Weg gestreut. Gedichte. Reclam Verlag: Stuttgart 1993

Bildnachweis

Private Collection / © Courtier Fine Art Ltd, London, U.K./ The Bridgeman Art Library: 9; Württembergische Landesbibliothek, Stuttgart: 29, 34, 37 rechts, 43, 45, 46, 49, 51 rechts, 52, 55, 69, 81 rechts, 85, 87, 89, 91 rechts, 97, 98, 101, 105; akg-images: 23, 48; akg-images/Erich Lessing: 68 rechts; bpk / Hamburger Kunsthalle / Elke Walford: 39 rechts; pixelio © Schasky: 20 (Grün); pixelio © kretamaris: 20 (Rot); pixelio © Mario Barnebeck (telemarco): 20 (Blau), 22 (unten), 93 rechts; pixelio © Sabine Flaisch: 20 (Violett); pixelio © uwe275: 21 (Rosa), 83; pixelio © cornerstone: 21 (Orange), 99; pixelio © Gabi Schoenemann: 22 (oben); pixelio © C. Nöhren: 30; pixelio © Maria Lanznaster: 31; pixelio © Balzer_Matthias: 51 links; pixelio © Kristina Weise: 61; pixelio © Claudia Hautumm: 75; pixelio © Bärbel Jobst: 79; pixelio © Edith Ochs: 80; pixelio © Kristina Schumacher: 88; pixelio © Viola Boxberger: 93 rechts; aboutpixel © mosquita: 50; photocase © David J.: 58; fotolia © Johanna Mühlbauer: 10; fotolia © rsester: 14; fotolia © Anne Kitzman: 33; pixelio © Ines Vogt: 35; pixelio © Stihlo24: 42; pixelio © Ginover: 44; fotolia © chaos.design: 47; fotolia © Alta.C: 53; fotolia © Michael Kempf: 54; fotolia © Stanie: 21 (Grün und Rot), 65; fotolia © Jacques PALUT: 81 links; fotolia © Westa Zikas: 91 links; fotolia © Christian Jung: 109; übrige Abbildungen: Finken & Bumiller, Stuttgart.

Verlag und Autorin danken allen Rechteinhabern für die freundliche Genehmigung zum Nachdruck.

Danksagung

Verlag und Autorin danken Frau Karin Engel vom Blumenladen Karin Engel (Olgastr. 54, 70182 Stuttgart), die freundlicherweise ihren Blumenladen für Fotos zur Verfügung stellte.